大都會文化
METROPOLITAN CULTURE

有一種智慧叫以退為進

貳

前言

圓滿的人生就在進退之間

進還是退，是成敗之中值得斟酌的抉擇。以退為進，則是人生處世的最高哲理。「退」不是懦弱無能，處處忍讓，不是徘徊不前，任人宰割，不是為自已失敗開脫的藉口，它只是進的一種補充，一種昇華。

勇敢地向前邁出一步，或許會收穫希望，但是你是否被這未知的希望所蠱惑，失去了理智的思考？只有懂得捨棄、後退，抗拒誘惑，積蓄力量，才能以無為的心態去追尋生命中真正的寶藏。是謂「失之東隅，收之桑榆」，人生中，當前進的腳步受阻時，不妨稍做退卻，等待下一次更為成功的前進。以退為進，進退結合，才能把握生命，造就完美人生。

「退」是一種「海納百川」的胸懷，「退」是一種智慧，一種更高更遠的守望。俗話說「退一步，海闊天空」，小草在寒風凜冽的秋冬會凋零，是一種退讓，為的是在明年春曖花開的季節更好地繁衍、生長；蜥蜴受到攻擊時會斷尾，是一種退讓，為的是更好地活著，「山重水複疑無路」的時候，如果懂得以退為進，轉個彎、繞個路，自然能「柳暗花明又一村」。

人生如潮，總有潮起潮落。我們應該做那竭盡全力拍散在沙灘的浪花，還是那以退為進、後退一步掀起驚濤駭浪的潮水？

進是開創，是參與，是勃發，是親身經歷，是奮鬥和堅持，它需要激情和勇氣。退是革新，是思考，是積蓄，是自我反省，是隱忍和謀略，它需要果敢和智慧。進，讓你走得更遠；退，讓你站得更高。退，讓你豁然開朗，讓你沉著大氣；進，讓你穩步前進，讓你起航更長遠的生命歷程。

引擎後退，反而引發更大的動能；空氣壓縮後，反而更具爆破的威力；軍人作戰，有時迂迴繞道，轉彎前進，才能勝利……很多時候，我們要想成就一件事情，必須低頭匍匐前進，才能成功。因此，後退並不可恥，那是成功路上最好的迂迴戰術！一個人在世界上要想為人處世，必須要能謙恭禮讓，一個人要想成功立業，必須要懂得以退為進。

人生追求的是圓滿自在，只知前進不懂後退的人，它的世界只有一半；懂得以退為進的人，人生才能完整。

人生就像一塊布，生活就像一把剪刀，就在這一進一退之間，剪出完美人生。

「以退為進」，何樂而不為呢？

目錄

第二章 以退為進是一種勇於承擔的表現 055

第三章 以退為進是一門等待時機的學問 095

第四章 以退為進是一種更勝一籌的策略 145

第五章 以退為進是一種圓滿人生的智慧 205

第一章 以退為進是一種超越自我的態度

成功有時是需要機遇的，
要常常記住，如果做好本職是100分，
你就要做到101分，
這樣成功的機遇就是你的。

1．後退、助跑，成功得三級跳

後退幾步，加上助跑，
你會發現這樣可以跑得更快，跳得更高。

擁有自己的一番事業，並在自己的事業中做出卓越成就是很多職場中人的夢想。可是成功並非一天兩天的事情，需要一個過程。而這個拚搏的過程大多是艱辛的奮鬥，更多的時候這個過程是一種生活方式，是一場超越自己的智慧博弈。

因此，我們面臨一件不是很容易辦到的事情的時候，不妨試試後退幾步，加上助跑，你會發現這樣可以跑得更快，跳得更高。

選擇職業是每個人都要面對的事，現在的畢業生，對工作大多很挑剔，既要高薪又要有高職位，最好還要專業相符，或者是從事喜歡的工作。但是在現在這樣一個人才濟濟的社會，你根本沒有什麼優勢可言，只是一個初出茅廬、無比稚嫩的年輕人而已。能夠直接找到適合自己的工作固然很好，但是如果一時找不到，聰明的人則會選擇放低姿態，從低處做起，先給自己找個表現的機會。

曾經有一個留學美國的電腦博士，想在美國找一份工作，但是想找到一份與自己學歷相稱的工作卻著實不容易。他去了很多家公司面試都沒能被錄用。思前想後，他決定他收起所有的學歷證書，去做了一份程式輸入員的工作。

對於他來講這份工作簡直是太容易了，他不僅能快速地完成自己的工作，還能發現程式中的錯誤。很快，他的突出表現就受到了老闆的關注，這時他才拿出學士學位證書。很快，老闆提升、並重用了他。

在做這份與自己專業相符的工作時，他常常能提出一些獨到的見解，有一次又被老闆發現了，這時他又拿出了碩士學位證書，並再次得到了老闆的提拔。

又過了一段時間，老闆發現他還是表現得比一般工作人員要傑出，似乎他的身上還有未被開發的能量，於是對他進行了詢問，這時他才拿出博士學位證書。老闆終於知道了他的真實身分，所以毫不猶豫地把他提升到了一個重要的位置。

很多時候就是這樣，不要一味地去看自己是多麼有實力，有多麼高的學歷。你先要解決的問題是怎麼樣才能給自己展示才能的機會。不妨先「委身」從低處做起，拿出自己的真實本領。學會後退，進而助跑。你會發現，原來成功並不遙遠。

智慧品人生

適當地放低姿態，從低處做起，才能給自己創造展示才能的機會。往「低處」走，找到適合並能充分發揮才華的基層工作，在基層的崗位上努力奮進，在接受磨煉和考驗之後，必能走出一條康莊大道。

2．不要怕說「幫幫我」

坦誠地說出自己的困難，並懇請他人幫助，
雖然看起來有些笨拙，但是卻能更快地到達成功的對岸。
更何況，No one is an island！
我們都會需要外在力量的幫助。

在生活中，我們經常會遇到一些力所不能及的事情。有人奉行「萬事不求人」的處世原則，認為向別人求助很丟臉，也許還會招來別人的譏諷。因此，他們寧願一人默默承擔，也不開口求助。這種追求獨立的想法可以理解，但它無助於事情的解決，有時，一味地遮遮掩掩只會使自己事倍功半。聰明的方法是坦承說出自己的困難，懇請他人幫助。這雖然看起來有些笨拙，但是卻能更快地到達成功的對岸。

小陶是某大學中文系的學生，畢業後進入一家藝術類報社工作。一天，他正校對稿件，突然接到編輯部主任的電話。主任對他說，今天晚上在市美術館有一個國際平面設計展的開幕式，屆時一些業內的頂尖設計師將到場。由於報社專門負責平面設計工作的記者正在外地出差，所以編輯部決定派他去採訪展覽，並趕寫一篇三千字左右的稿件，第二天早上交稿。還沒等小陶回答，主任就掛了電話。

小陶遇到了難題，他不是學美術的，對平面設計一竅不通。他去資料室找了幾本平面設計類的雜誌，剛看了幾頁，就有一種昏昏欲睡的感覺。對一個門外漢來說，怎麼可能寫出專業水準的文章呢？他想找個藉口拒絕，但是剛才主任的口氣是那樣堅決，況且，這是他第一次獨自外出採訪，第一次接任務就臨陣逃脫會引來其他人的嘲笑。於是當天晚上，他只好硬著頭皮來到了市美術館。

美術館裡人潮湧動，其他媒體的老記者們和那些設計師正聊得起勁。小陶則怯生生地在館裡獨行，每遇見設計師就趕緊躲得遠遠的，生怕對方發現自己是一個外行。時間一分一秒地流逝，一些老記者已經完成了採訪任務，踏上了回家的路，而小陶卻連一點頭緒都沒有。他想，照這樣下去，報導肯定是寫不出來了，這可怎麼向主任交代呢。一時間，他不知如何是好，急得差點哭出來。

正在這時候，他看見一個與他年紀相仿、掛著採訪證的女孩徑自走到一位設計師跟前，對設計師說：「您好，我是一位實習生，對這個行業不太瞭解，您能不能介紹一些相關的情況。」那位設計師非常和藹地向她介紹了業內的發展動態，並給她引見了一些設計師。

小陶眼前一亮，原來那女孩也是一個實習生。她都敢坦然地承認自己「無知」，壯著膽子去採訪，自己為什麼不行？

於是，小陶鼓起勇氣走到一位面容和藹的設計師跟前，向他自我介紹，說明了自己面臨的困難，坦誠地向他求助。他說：「實際上，我是在請您給我指點怎麼寫這篇文章。我想，您是會幫助我這名新手的。」那位設計師望著他，笑了笑，便滔滔不絕地講了起來。

打開了沉默，接下來的採訪就順利得多了。小陶也像那些老記者一樣，奔走於設計師之間，既坦誠地說明自己的情況，也大膽地向他們提出問題。很快，他的採訪本上就記錄了許多設計師的觀點，報導的角度也變得越來越清晰。閉館前，他已經有了比較成熟的腹稿。一回到家，他馬上坐在電腦前，將構思好的文章精心撰寫了出來。

第二天早上，他按時把稿子交給了主任。主任看後，連連誇獎小陶的採訪能力。下午，小陶的文章就刊登在他們報紙的專版上。幾天後，小陶才知道主任把那個任務交給他，就是想考驗一下他處理難題的能力。現在看來，他已經順利通過這一關了。

後來，小陶不斷地運用第一次採訪的成功經驗進行採訪，加之他的刻苦鑽研，寫出了許多很有分量的報導。不到半年的時間，他便成為負責報社平面設計新聞的專職記者。幾年後，他成了設計界公認的，平面設計資深評論員。

小陶之所以成功，在於他在遇到困難時能大膽地向他人求助。常言道：一個籬笆三個樁，一個好漢三個幫。每個人都會遇到自己難解決的問題。當困難降臨時，大膽說出自己的難處，誠懇地尋求幫助，原本很難得事情，說不定就迎刃而解了。

智慧品人生

今天的無知，是為了鋪墊明天的智慧。凡事不能一味逞強，自己做不好的事情向別人請教，不是可恥的事情。坦率地承認自己的「無知」，才能得到別人的「幫助」，才能更出色地完成工作。更有價值的是，你已經從中得到了受益匪淺的知識。

3．換位思考，解決問題之契機

遇到令你惱怒的事情時，不要急著發火，
退一步，站在對方的立場去想想，才能得到想要的結果。

當別人的行為影響了你的生活或者工作，你會怎麼辦？直接斥責阻止，還是想一個兩全其美的策略，使問題解決得更漂亮？應該先從對方的角度去想一想，你有沒有想過，他為什麼會做這樣的事情？再從對方立場出發，分析問題，當然，有的時候還需要一點以退為進的迂迴策略。

一個美國的退休老人因為患心絞痛搬到了加利福尼亞州的一個小鎮靜養。剛開始的日子裡，一切都過得很美好，聽著鳥語花香，看著日出日落，感受著鄉村生活的寧靜，老人的身體也好了很多。

但是好景不長，鄉村生活的寧靜被一群頑皮的小男孩打破了。每天早晨六點鐘的時候，總是有一群小男孩準時在老人居住的小屋不遠處踢易開罐。

「喀啦……喀啦……」的聲音使居住在這個小鎮的居民心煩意亂，休息不好，更何況是患心絞痛的老人呢？

雖然經常有人去斥責那些頑皮的孩子，但過不了一會兒，那煩人的踢易開罐的聲音又會重新在街道上響起，為此老人很是苦惱。他靜靜地想了很久，終於想出一個絕妙的辦法。

第二天早晨很準時，六點鐘又響起了踢易開罐的聲音。老人走出小屋，將那些踢易開罐的小男孩叫到自己的身邊，對他們說：「你們踢易開罐的聲音簡直是太悅耳了，我很喜歡每天一醒來就能聽見你們踢易開罐的聲音。你們可不可以每天來我這裡踢一個小時的易開罐，我每天付給你們每個人1角錢。」那些小男孩聽了很開心。他們想：踢易開罐只是為了玩，想不到還能賺到錢，這豈不是兩全其美？於是便一口答應了。

就這樣，那群頑皮的小男孩，每天準時六點鐘來到老人的小屋前，開始他們的「工作」，很是盡職。過了一段時間，老人找到那些小男孩，對他們說：「我的退休金減少了，所以不能再像以前一樣，付給你們那麼多工錢了，不得不把你們的工資減少一半，可以嗎？」

男孩子們商量了一下，雖然不很願意，但還是有工錢的，便答應了老人。雖然他們還是每天準時就來，但是踢得已經不像以前那樣賣力了。

又過了一段時間，老人對那群小男孩講：「由於我的退休金又降了，所以我不能繼續支付你們的工錢了，你們還願意繼續為我踢易開罐嗎？」這次，那些男孩們想：都沒有工錢了，誰還會為你踢易開罐呀？

就這樣，那些小男孩從此再也不來老人的屋前踢易開罐了。老人又開始了他悠閒的靜養生活。如果這位老人也像其他鄰居一樣，抱怨和責備這些頑皮的孩子們，結果會怎樣呢？肯定會更激起他們踢易開罐的興致。退一步，採取更理智的做法才能達到預期的目的。生活中其實有很多這樣的事情，遇到令你惱怒的事情時，不要急著發火，退一步，站在對方的立場去想想，也許能得到想要的結果。

智慧品人生

在生活和工作中我們會遇到各種各樣不如意的事情。遇到這種事情時，不要急於發洩你的不滿，不如冷靜下來想想有什麼好的方法可以阻止對方的行為。生命本身是一個風雨的過程，無論工作還是生活，總會遇到不如意的事情。這個時候正是考驗我們行為與智慧的時候，與其抱怨、憤慨，不如冷靜下來，想一想解決它的行之有效的方法。不是所有的反抗都是針鋒相對的，退一步，也許你已經戰勝了對方。

4．失意了，別沮喪

請別在失意的時候沮喪，
說不定它正在醞釀一場前所未有的歡喜。

人的一生中做什麼事情也不會是簡簡單單、一帆風順的，命運之神會在你成功之前給你安排很多考驗。不要為自己的一時失意而跌入絕望的深淵不能自拔。也許再等等，你就會發現，這一時的失意只是更大的成功之前必須經歷的一段等待與磨煉的過程。

曾經看到過這樣一個寓言故事。

有一個老奶奶在自家的房子周圍種了一些玉米。收穫的季節臨近，玉米開始變得越來越飽滿。其中一個最為突出，隔著它那翠綠的外衣，都可以看到裡面已經顆粒飽滿。

「我一定是被老奶奶第一個摘走的，因為我是這裡長得最好的玉米……」那個最好的玉米滿懷信心地說道，其他玉米也附和著誇讚它。

終於到收穫的季節了，老奶奶來摘玉米。最好的玉米十分激動地等著老奶奶把它摘走，可是老奶奶只是看了看它，就去摘別的玉米了。

「老奶奶今天肯定是沒看好，明天我一定會被她摘走的……」最好的玉米這樣安慰著自己。

第二天，老奶奶又來到了玉米地，這次連看也沒看那個最好的玉米，而是把其他的玉米全都收走了。「明天老奶奶還會來的，她一定會把我摘走的，一定就在明天……」最好的玉米依然這樣安慰著自己。

第三天老奶奶沒有來，第四天、第五天……老奶奶依舊沒有來，最好的玉米漸漸地感到了一絲絕望。它很傷心，一直在不停地追問自己，我是這裡長得最大最好的，為什麼，為什麼老奶奶就不把我摘走呢？還是我真的就是那麼倒楣註定會被遺忘在這片玉米地裡呢？

日子一天天地過去，最好的玉米發現了自己身體上的變化，原來顆顆飽滿的玉米粒，由於每天烈日暴曬已經變得乾癟堅硬，讓它覺得自己的身體很脹，有種快要炸開的感覺。它開始覺得自己並不是什麼最好的玉米，甚至還不如一般的玉米。它越想越難過，甚至都要哭了。當早晨第一縷陽光刺痛它已經腫脹的眼睛時，老奶奶的身影映入了它的眼簾。

老奶奶輕輕地撫摸著這個已經變得堅硬的玉米，臉上露出了滿意的微笑，自言自語地說道：「這是今年長得最好的玉米呀，用它作種子，明年一定會長出更多更好的玉米。」然後輕輕地把這顆玉米摘了下來抱回家裡。

這時最好的玉米才明白，為什麼自己這麼久一直不被摘走，原來是有更重要的任務等著它去完成，它要成為種子，將孕育更多飽滿的果實。

在生活中，我們經常會遇到像這個玉米一樣的問題，總是覺得自己很有才，是最好最棒的，但是卻總得不到應有的重用，於是就耐不住等待的寂寞了。其實很多時候，這是命運之神對我們的考驗。千萬不能妄自菲薄，要始終堅信，自己就是最好的，失意只是一時的，踏踏實實地成長，努力做好每一件事，早晚會被人發現和重用的。

智慧品人生

當你在工作或生活中遇到困難，不如將自己想像成最好的玉米，畢竟，那只是成功路上羈絆我們的一顆石子。不要在失意中放縱自己，沉淪於自怨自艾中不能自拔，一定要擺正心態，用紮實穩妥的腳步前進，讓自己的能力和才幹接受考驗。

5．成功需要的是耐力

成功如同修行，沉下心來，
方可領悟生活的真諦。

成大事者，必有耐得住寂寞的定力。急躁的人永遠不能參透生活的真諦，永遠也不會擁有大徹大悟的智慧。沉下心來，別讓生活的真諦擦身而過。

少林寺五乳峰中峰上，有一處著名的景點「達摩洞」。據傳，釋迦牟尼的第二十八代佛徒菩提達摩，在此參悟佛法十年不曾出洞。

魏孝明帝孝昌三年（西元五二七年），菩提達摩漂洋過海來到中國，途經廣州、南京，然後北渡長江來到少林寺。在這裡，達摩並沒有急於傳授他的佛法，而是先瞭解熟悉的環境。

他發現少林寺的五乳峰中峰的上部，離峰頂不遠，有一個天然石洞，這個石洞高寬不過三米，長約兩丈。方方的洞門，向陽敞開，冬暖夏涼，空氣清爽。洞前有一小塊草坪，周圍濃蔭蔽日，不見天空。真是：「此地無盛夏，空山聽鳥鳴。」很適合做參悟佛法的地方。於是達摩毅然入洞，一心參悟佛法真諦。

達摩在這個石洞中，整日面對石壁，盤膝靜坐，不說法，不持律，默然終日面壁參悟佛法，雙眼緊閉，五心朝天，在「明心見性」上下工夫，在思想深處「苦心練魔」。洞內靜若無人，萬籟俱寂，「入定」後，連飛鳥都不知道這裡有人，竟在達摩肩膀上築起巢來了。「入定」就是指坐禪坐到一定程度，思想高度集中，排除一切惡念、難念，外界的一切，對他沒有干擾。這是形容高僧修禪的高度造詣。「開定」後，他站起身來，活動一下四肢，鍛煉一下身體，待緩解疲倦後仍繼續坐禪，那時達摩的規律是「上班坐禪，困倦打禪，饑餓吃飯。」這樣，入定、開定，日復一日，年復一年，從西元五二七年到五三六年，整整面壁十年。達摩大師對佛法的認知有了長足的進步，終於成為一代佛學大師。這就是佛教史上有名的「達摩面壁」的傳說。

達摩在石洞裡面壁十年，當他離開石洞的時候，他坐禪面對的那塊石頭上，竟然留下了一個達摩面壁的形象，衣裳褶紋，隱約可見，宛如一幅淡淡的水墨畫。人們把這塊石頭稱為達摩面壁影石。

達摩在少林寺修行多年，並於北魏天平三年傳法於慧可，從此創建了不同於傳統通過辯論來提高佛法認知的獨特參禪之方法，開創了佛教禪宗的新局面，使得少林寺聞名於世。人生本來就是禪悟，只要能沉下心，只要擁有耐得住寂寞的定力，一定會禪悟到些什麼的。

智慧品人生

暫時停住腳步，不是對自己的放任，而是為自己積蓄更多的力量。耐得住生活的寂寞，在快節奏的生活中，放慢自己的腳步，多一些時間充實自己，才能走得更快、更遠。

6．在示弱中等待機遇

強者有強者的方式，弱者有弱者的對策。
懂得變通，善於掌握策略，即使是處在不利地位又有何妨？

當我們處於不利地位或者時機還不成熟的時候，採取一些變通的策略，以退為進地保全自己，才能為自己保存實力，贏得機遇。

中國古代先哲就早已明白這個道理，指出做事情應該厚積而薄發，切勿輕舉妄動。兇悍的猛獸在襲擊獵物之前總是匍匐在周圍的草叢中隱藏自己，在獵物放鬆警惕時才開始進攻。適時地掩飾自己，不要鋒芒畢露才能為自己爭取作戰的有利時機，才能增加勝利的把握。切勿輕舉妄動、打草驚蛇。

魏明帝去世時，即位的太子曹芳只有八歲，魏明帝臨終前為防止日後有人權傾朝野，威脅曹芳的政權，命司馬懿與曹爽共同輔佐年少的曹芳，使他們兩股勢力相互抗衡。但曹爽的勢力不斷擴大，他廢置中壘、中堅營，把兩營兵眾統交他的弟弟曹羲率領，曹爽兄弟權傾朝野共同掌管禁軍，又用何晏、鄧揚、丁謐之謀把太后遷至永甯宮加以控制，形成專權的局面。他們並在朝中多樹黨羽，屢改舊制，處處排擠司馬懿的勢力。由於曹爽兄弟在朝野中的地位過於強大，其篡權的野心顯而易見。司馬懿對其非常不滿，兩個人結下了不可和解的矛盾，但是司馬懿並不能阻止曹爽的狂野行徑。

正始九年三月，司馬懿開始裝病，以使曹爽對其放鬆警惕。曹爽不知司馬懿是真病還是裝病，派河南尹李勝去試探司馬懿。司馬懿上演了一出好戲。他假裝病重，讓兩個侍婢扶持自己，要拿衣服，拿不穩，掉在地上，還指著嘴說渴。侍婢獻上粥來，他用口去接，湯流滿襟。李勝說：「眾卿謂明公舊風發動，何意尊體乃爾！」司馬懿故意上氣不接下氣地說：「年老枕疾，死在旦夕。君當屈並州，並州近胡，善為之備。恐不復相見，以子師、昭兄弟為托。」李勝說：「當還忝本州，非並州。」司馬懿故意錯亂其辭：「君方到並州。」李勝又說：「當忝荊州。」司馬懿說：「年老意荒，不解君言。今還為本州，盛德壯烈，好建功勳！」李勝回來對曹爽說：「司馬公屍居餘氣，形神已離，不足慮矣。」過幾天，他又跟曹爽說：「太傅不可複濟，令人愴然。」《晉書・宣帝紀》，曹爽等從此便不再防備司馬懿。

司馬懿裝病，實際上在暗中布置，準備消滅曹爽勢力。終於等到嘉平元年，曹爽兄弟陪同曹芳離開洛陽去祭掃魏明帝的墳墓。司馬懿乘機接管曹爽的軍營，上奏太后請廢曹爽，又上奏皇帝，列舉曹爽篡權之罪行，司馬懿終以謀反的罪名，殺曹爽及其黨羽何晏、丁謐、鄧揚、畢軌、李勝、桓範等，並滅三族。從此曹魏的軍政大權完全落入司馬懿的手中，為司馬氏取代曹魏奠定了基礎。同年二月，皇帝封司馬懿為丞相，司馬懿為避免鋒芒太露，辭丞相之職，但是暗中一直在擴大自己的勢力，為日後司馬氏竊取曹魏政權做了充分的準備。

司馬懿的裝病故事，讓我們知道：當我們處於不利地位或者時機還不成熟的時候，採取一些變通的策略，以退為進地保全自己，才能為戰勝敵人贏得機遇。

智慧品人生

以退為進是一種韜晦之計，在特定的形勢下，學會用偽裝的方法將自己的真實意圖隱藏起來，才能在對手對你不設防的情況下，保全和發展自身的勢力。

7．降低自己的要求

提出容易讓別人滿足你的要求，是實現自己更多需要的跳板，善於利用這塊跳板，懂得退讓的人，更容易得到成功。

在我們的生活中，很多時候，我們都需要得到別人，尤其是陌生人的幫助，那麼，我們怎樣才能更好地達到我們的目的呢？有這麼一個發人深省的小故事。

在一個狂風肆虐、雷雨交加的傍晚，有一個幾天都沒吃飯的乞丐無處藏身，渾身衣服都被雨水淋透了。又冷又餓的他，到了一個富人家的大門口，想進去討一碗飯吃。

他用勁敲了敲富人家的門，富人家的僕人出來應門。「快點滾開！」這個僕人看到敲門的是一個穿戴破爛的乞丐，就冷冰冰地說，「煩人，不要來打攪我們，這裡沒什麼好施捨給你的。」

乞丐可憐兮兮地說：「行行好吧，我不敢向您討吃的，只要您讓我進去，在你們的火爐邊烤烤衣服、暖和暖和，我就滿足了。」

勢利的僕人沒有想到這個乞丐提出的要求竟會這麼簡單，想想這又不會讓自己花費什麼，還算做了一件善事，於是就讓他進去了。

乞丐在廚房的火爐邊烤衣服，待了一小會兒後，又可憐兮兮地請求廚娘給他一個可以燒飯的鍋，以便他「煮點石頭湯」喝。

「石頭湯？」廚娘驚奇地說，「我很想看看你怎樣用堅硬的石頭做成美味的湯。」於是她就爽快地答應了。

乞丐到院子裡揀了幾塊石頭，洗乾淨後放在鍋裡煮。

「可是，你總得放點鹽吧。」廚娘自言自語著。她給他拿了一些鹽，自然又給了他豌豆、薄荷、香菜，甚至把可能收拾到的碎肉末都幫乞丐放在了「石頭湯」裡……最後呢？這個乞丐把湯裡的石頭撈出來，扔到了一邊，美美地享受了一鍋美味的肉湯。

如果這個乞丐一開始就對僕人說：「行行好吧！請給我一鍋肉湯，讓我暖暖身子吧。」等待他的會是怎樣的結果呢？對於過高的要求，別人會很反感，但是如果你的要求很低，還是有人願意幫你的。

可能你的要求不是很高，如果你把它再分解為幾個小的要求，雖然顯得麻煩一些，但是成功的概率會變得更高。對於高的要求更需這樣，你需要學會為自己的高要求尋找合適的跳板，然後借力發力，循序漸進，問題自當迎刃而解。

智慧品人生

在客觀條件的限制下，我們通常難以一步實現自己的目標。因此，我們要學會如何有效利用現有條件，在進與退之間打一場漂亮的迂迴戰，從而巧妙實現自己的目的。總之，智者，更善於利用退的方式取得勝利。

8．退讓，只為更好地前進

投降並不只是懦弱的表現，

有時候，更是一種保全自己實力的權宜之計。

很多時候人們會搞不清自己的處境，從而犯了冒失的過錯。有的人能夠及時發現自己的錯誤並及時改正，有的人卻始終看不見自己的錯誤。當然最好是一開始就對自己的狀況有一個清醒的認識，採取正確的行動。當自己的力量不如別人的時候，不如暫時退讓，保全自己以做日後的打算。

春秋時期，一直稱霸南方的吳王闔閭，在一次與越國的戰役中因為輕敵，不僅輸掉了戰爭，還喪失了性命。臨終前，闔閭留下遺言，要兒子夫差一定要報殺父之仇。夫差自此時時不忘越國的殺父之仇，在伍子胥和伯嚭的協助下，操練兵馬，準備攻打越國。

過了兩年，吳王夫差親自率領大軍去打越國。范蠡對勾踐說：「吳國練兵快三年了，這回決心報仇，來勢兇猛。咱們不如守住城，不要跟他們作戰。」

但是勾踐不同意，他低估了夫差在仇恨的驅使下磨礪出的吳國軍隊。他認為連馳騁沙場、大敗楚國的闔閭都敗在了越國軍隊的手裡，區區一個夫差又何足懼。戰爭打響，勾踐親率大軍前往，兩國的軍隊在太湖一帶展開大戰，結果越軍大敗。

最後越王勾踐只剩下五千殘兵敗將逃到會稽山上，被吳軍圍困起來。

勾踐被弄得一點辦法都沒有。還好他及時發現了自己的錯誤，並採取了彌補的措施，找到了當初勸他的大夫范蠡。他跟范蠡說：「懊悔沒有聽你的話，弄到這步田地，現在該怎麼辦？」

范蠡說：「為今之計只能去求和了。」

這次，勾踐聰明地聽從了范蠡的謀略，他派文種到吳王那裡去求和。文種在夫差面前把勾踐願意投降的意思說了一遍。吳王夫差想同意，可是伍子胥堅決反對。

文種回去後，打聽到和伍子胥一起操練兵馬的伯嚭是個貪財好色的小人，就把一批美女和珍寶私下送給伯嚭，請伯嚭在夫差面前講好話。

經過伯嚭對夫差勸說，吳王夫差不顧伍子胥的反對，答應了越國的求和請求，但是要勾踐親自到吳國去。

文種回去向勾踐報告了。此時，勾踐已經完全認清了擺在自己眼前的局勢，知道此時保全越國的實力，保住自己的性命才是最重要的。勾踐把國家大事託付給文種，自己帶著夫人和范蠡到吳國去了。

勾踐到了吳國，夫差讓他們夫婦倆住在闔閭的大墳旁邊一間石屋裡，叫勾踐替他餵馬，只讓他們睡在柴草上，范蠡也跟著做奴僕的工作。夫差每次坐車出去，勾踐就替他拉馬。勾踐一切遵從夫差的指令，受盡各種屈辱，但是他心中懷著重回越國，東山再起的決心，一直沒有表現出來。這樣過了兩年，夫差認為勾踐真心歸順了他，就放勾踐回國。

勾踐回到越國後，立志報仇雪恥。他唯恐被眼前的安逸消磨了志氣，在吃飯的地方掛上一個苦膽，每逢飯前，都先嘗一嘗苦味，還自問：「你忘了會稽的恥辱嗎？」他還把席子撤去，用柴草當席子。這就是後來人傳誦的「臥薪嚐膽」。

勾踐決心要使越國富強起來，他親自參加耕種，叫他的夫人自己織布來鼓勵生產。因為越國遭到亡國的災難，人口大大減少，他訂出獎勵生育的制度。他重用文種管理國家大事，重用范蠡訓練人馬，自己虛心聽從別人的意見，救濟貧苦的百姓。越國上下齊心協力終於再度強大起來，最終打敗了稱霸南方的吳國，成了南方新的霸主。

就這樣，越王勾踐從一個敗國的君主變成了稱霸南方的霸主。倘若勾踐在會稽山上，沒有聽從范蠡的建議，與吳國硬拚到底，恐怕早已葬身會稽山，歷史上也不會留下「臥薪嚐膽」的佳話了。投降並不一定是懦弱的表現，有時候也是保全自己實力的權宜之計。以退為進，方可步步為營。

智慧品人生

在危急存亡的時刻，怎麼樣才能取得最後的勝利？我們不能一味地拚命進攻，現實是真實的，不會因為你的自不量力而改變。不如暫且退避一時，以保全自己的實力，為日後的東山再起做好準備。

9．小心抬腳，謹慎向前

路在腳下，希望在前方，
如果在懷抱希望的同時，不忘踏踏實實地走好眼前的每一步，
那麼你早晚會夢想成真。

人生的旅程中，難免會遇到迷茫、失去方向的時候，前方看不清的風景讓你害怕、恐慌、沮喪……那你有沒有想過，假如看不清就不去眺望，將眼光放得稍微近點兒，是不是會好些呢？

有志向、有夢想說明你是一個積極上進的人，這非常值得肯定的。但是過於遠大的志向，往往離我們較遠，遙遠的東西總是很難觸摸，所以也總是讓人產生「前途渺茫」、「看不清前方的路」這樣的消極、迷茫的情緒。

英國有一位年輕的醫科畢業生威廉·奧斯勒爵士，在面臨畢業時，雖然他的成績並不差，但他整天愁容滿面，想如何才能通過畢業考試，明天要做什麼事情，畢業

後要到哪裡去找工作，工作如果不稱心怎麼辦，怎樣才能維持生活……這些問題就像蛛絲一樣纏繞著他，使他充滿了憂慮。他想了許多辦法，都沒有擺脫這些困擾。有一天，他在書上讀了一句話：「不要去看遠處模糊的東西，而要動手做眼前清楚的事情。」自從看到這句話後，他徹底改變了自己的人生，脫離了那種虛無縹緲的苦惱，腳踏實地一步步開始了創業歷程，最終成為英國著名的醫學專家，並創建了舉世聞名的約翰．霍普金斯醫學院，他還被牛津大學聘為客座教授，這是英國醫學界的最高榮譽。

也許，威廉．奧斯勒爵士開始的心境我們許多人都經歷過。實際上，在生活中，我們常會不自覺地給自己戴上望遠鏡，盯著遠處若隱若現的地方，製定長期發展的宏偉目標。這讓我們總是去遙望遠處模糊的風景，而忘了欣賞近在眼前的風光。萬丈高樓平地起，空中樓閣那只是一個實現不了的夢。有時候，也許我們已實現了當初自己製定的目標，但我們在望遠鏡裡看到的永遠是下一個目標。我們不停地努力著，卻永遠也趕不上前面的風景。為此，感到沮喪，感到理想離自己越來越遠，感歎人生非常艱難。當有一天我們有所感悟，放下強加給自己的望遠鏡，不再拚命追趕的時候，才發現自己忽略過的地方陽光明媚、鳥語花香——這才是真正的遺憾。

有一個美國年輕人，小時候賣過報紙，做過雜貨店夥計，還當過圖書館管理員，日子過得很拮据。幾年後，他下定決心，要用五十美元開創基業。一年後，他果真有了幾萬美元，當他雄心勃勃準備大幹一場時，他存錢的那家銀行一夜之間破產倒閉了，他也隨之一貧如洗，還欠了兩萬美元的外債。萬念俱灰的他，得了一種奇怪的病，全身潰爛，醫生說他的生命只有三個禮拜的時間了。絕望的他只好寫了遺囑，準備一死了之。就在這時，他突然看到了一句話，使他翻然醒悟。於是他立即調整心態，拋開憂慮和恐懼，安心休養，身體也慢慢恢復，還能拄著拐杖走路。後來他不僅沒有死，反而有精力工作了。幾年後，他成了一家大公司的董事長，雄霸紐約股票市場。他就是大名鼎鼎的愛德華·伊文斯。他看到的那句話是：「生命就在你的生活裡，就在今天的每時每刻中。」

是的，生命只在今天，不要為明天憂慮。是的，人的欲望永無止境，但不要給自己戴上望遠鏡，要欣賞自己眼前的每一點進步，享受每一天的陽光，為自己的今天喝采。「不積跬步，無以至千里。」放棄你的「宏圖大志」，放棄沉溺於失敗之中的痛苦，拋掉你終日為前途迷茫、苦惱的情緒，抬起腳，走好眼前的每一步，當你不經意間抬頭，說不定原本遙不可及的夢想就真的實現了！

智慧品人生

生活這幅長篇畫卷，是由今天的每一筆色彩描繪出來的。今天的休憩，是為了明天能夠更好地作畫。不要因為自己一時的失落而痛苦不堪，停滯不前，那只會使你浪費眼前珍貴的美好光陰。

10・婚姻有如一場博弈

婚姻是墳墓還是宮殿，關鍵在於我們如何對待，如果認為婚姻的博弈就是分出勝負，它就是墳墓，而將這場博弈看做是兩性的和諧，則是宮殿。學會付出吧，總有一天，你會入住幸福的婚姻宮殿。

有人說過「結婚的頭幾年是雙方的博弈期」。彼此相愛的人不想承認婚姻是愛情的墳墓，更不想承認婚姻就是一場兩性的戰爭。一樁婚姻可能像戰爭一樣血雨腥風，也可能平平和和攜手終老。關鍵在於當事人怎麼對待。

婚姻不是愛情，愛情是無法設計、無法預料的，而婚姻卻是可以經營的，並且需要我們時時刻刻細心呵護。這便是婚姻和愛情的不同。古代人迷信地認為，洞房夜裡誰先說話就會先死，其實這反映了古代婚姻的狀況，雙方沒有感情基礎，所以婚姻就像是一場戰爭，自然雙方第一想到的就是誰是這場博弈最終的勝利者。如同戰爭需要一定的戰術一樣，婚姻這場博弈也不例外，也需要心思的較量。雖說是「狹路相逢勇者勝」，但是在柴米油鹽的生活中，「以退為進」不失為一種迂迴的方法，是一種「難得糊塗」的智慧。

婚姻就像手裡的沙子，我們握得越緊，就越容易從手裡溜走。這句話是真實生活的經驗，對我們每一個處在婚姻中的人都有借鑑意義。在婚姻中，我們意圖把任何一方據為己有都是在給自己製造悲劇，不管是愛情還是親情，除了第三者，其實生活的真相是可能還有第四者、第五者，會在不同的情境、不同的空間出現。要給對方適度空間，婚姻關係才會有彈性，彼此的呼吸才會更暢快，心靈的感覺也才會更自由。

中東地區有一則故事。一位婦人的婚姻發生了嚴重問題，她的丈夫常常外宿不歸，只顧自己尋歡作樂。於是這位婦人為了挽回她的婚姻，就去神廟裡找先知，希望他能幫助自己，讓丈夫重新回到家庭的懷抱。

她對先知說：「尊敬的先知，我的丈夫背叛了我和家庭，我該怎樣才能讓他回到我的身邊呢？」

先知說：「夫人，為了顯示你的誠意，在我幫助你之前你要先從活獅子身上拔三根毛給我，我才能告訴你。」

婦人離開了神廟，心想獅子怎麼會等我去拔毛呢，一不小心，把獅子惹怒了，我恐怕連性命都沒了。但是拿不到獅子毛，我就不可能重新和丈夫重拾以往的恩愛，我該怎麼辦呢？

第二天早上，婦人牽了一隻小羊，來到獅子常出現的地方。當獅子出來之後，婦人就把小羊送到獅子口邊，獅子對送到嘴邊的美味，自然是來者不拒。之後，婦人每天都牽一隻小羊去給獅子，漸漸地，獅子開始接納她，婦人試著輕輕地撫摩獅子的背，獅子竟然沒有反抗。一段時間以後，婦人終於贏得了獅子的「信任」，順利地從獅子身上拔下了三根毛。

婦人興奮地拿著三根獅子毛去找先知。

「你是如何得到的？」先知驚訝地問。

於是婦人得意地敘述了她如何拿到獅子毛的經過。

先知微笑著對婦人說：「用你馴服獅子的辦法馴服你的丈夫吧，只要運用得當，相信他會回心轉意並終生愛你的。」

婦人這樣去做了，實現了先知的話。這個寓言說明，要想得到獅子的三根毛，強硬去奪，必然會成為獅子的腹中之物。反而是緩一步，卻達到了自己的目的。

以退為進，在婚姻中亦是如此。掌握婚姻博弈中的技巧，並不是要爭得勝負，婚姻的最高境界就是兩性的和諧。把握好婚姻的尺度，好好經營你的婚姻吧。

智慧品人生

一個人的成功，不僅僅包括事業上的成功，更需要家庭上的成功。家庭不同於事業，雙方沒有直接的利益關係，但卻是一輩子的夥伴，所以更需要注意雙方交往的策略，更需要細心地經營。

11．不辯解，因為我沒錯

當你發覺無路可走，

與其強行通過，不如學得大度些，後退一步。

一個轉身，也許就是希望的轉角。

《菜根譚》中說：「人情反覆，世路崎嶇。行不去處，須知退一步之法；行得去處，務加讓三分之功。」退一步往往是你已經發覺無路可走的時候，這時與其強行通過而損失慘重，倒不如退一步，一個轉身，也許就是希望的轉角。

二十世紀五〇年代初，蘇聯駐聯合國代表維辛斯基在聯合國大會上發表了抨擊西方國家的長篇演說。演講中，荷蘭外交大臣突然插話，指出維辛斯基講話中的一處錯誤。「謝謝您的指正，」維辛斯基很有禮貌地說，「既然你到現在才指出我的失誤，這說明你認為我前面的話沒有錯誤。」那位多嘴的荷蘭外交大臣頓時啞口無言。

如果維辛斯基直截了當地進行解釋或者辯駁，無論他怎樣解釋恐怕都會讓聽眾認為他是為被戳穿而掩飾，進而使整個論述陷入僵局，使自己陷於被動。而他卻先把錯誤承認下來，以柔克剛，使把握在別人手中的那柄利劍輕而易舉化解開來，然後再反守為攻，反使對方啞口無言。當人處於困境，遇到麻煩的時候，總是慌忙地為自己辯解，但是這樣只能讓人抓住話柄不放。有句話叫做「越描越黑」，不無道理。而不辯解不等於坐以待斃，而是退一步，換種方式去表白自己，讓對手的居心昭然若揭地顯露出來。

明代武宗時期，宸濠發動叛亂，形勢嚴峻，還好有王守仁及時領兵出面平定了這場叛亂。他活捉了宸濠，並將其暫時囚禁在浙江。當時剛好遇到武宗南巡，中官為了討好皇上，獻計讓王守仁將剛活捉的宸濠重新放回江西，然後等武宗出征時親手把那個逆賊擒獲。他還私下派了兩名宦官到浙江省去傳達這一荒唐的命令。王守仁聽到這個消息非常的生氣，心裡想到「這等事關國家安危的大事怎麼能這麼兒戲呢？」於是用嚴厲的言辭斥責了中官。中官也知道是自己理虧，覺得這件事確實不太合理，也就沒再說什麼。此事暫告一段落。

但一波未平，一波又起。王守仁有個部下叫江彬，此人生性忌妒，他見王守仁抓獲了逆賊宸濠要立大功，不由忌妒心起，於是開始了他的陰謀計畫。他先私結了一批不服氣王守仁的部下，然後散布謠言，說：「王守仁其實根本不是大英雄。他很早就私下和宸濠一起策劃謀反，可是沒想到後來東窗事發，朝廷分派了大軍親征江西，王守仁為了脫開自己的罪責才決定背叛同夥，逮捕了宸濠。他所做的事情對皇帝不忠，對朋友不義，真是大逆不道。」江彬等人的謠言說得繪聲繪色，一心想乘機誣陷王守仁，置他於死地，將平叛逆賊的大功據為己有。武宗信以為真，非常生氣。王守仁此時所處的地位很危險，但他卻沒有慌亂地解釋，而是鎮定地看待這一切，決定退一步來面對。他和總督軍門的張勇商量決定：先把抓獲的宸濠交給張勇，然後再上表報捷說總督軍門已經抓到叛賊，請求皇上不要再去江西了。王守仁也稱自己生病要在淨慈寺修養一段時間。這樣一來就把捉叛賊的功勞全歸功於張勇了。

張勇到京城面見武宗時極力稱讚了王守仁的忠誠，並且把王守仁讓功避禍的做法和整個事實真相告訴了武宗。武宗這時才恍然大悟，馬上制止了對王守仁的指控。王守仁終於用「以退為進」的大智慧度過了危機，再次贏得武宗的信任。當你遇到危機的時候，與其辯解，不如退一步，用更智慧的方式說話，免得讓事情越弄越糟。

智慧品人生

在人生的困境和低谷中，衝動和慌亂才是我們最大的敵人。

第二章　以退為進是一種勇於承擔的表現

即使面對困境、身處谷底也要有搏擊高空的勇氣，
信念決定你的成敗，
相信自己，身處劣勢，是為了積蓄力量一舉攻頂。

1．忽略困難，大膽往前走

當你要通過獨木橋時，請放鬆心情，
不要思考險惡、困難等一切可怕的東西，
目視前方，大膽往前走，
因為讓你害怕的只有你自己的心。

每個人心中都會對某事某物有所害怕。害怕是險峻大山，是激流險灘？不，很多時候，害怕僅僅是我們心中的畏懼而已。

一天，幾個學生向美國著名的心理學家弗洛姆請教：心態對一個人會產生什麼樣的影響？

弗洛姆微微一笑，什麼也沒說，然後把他們帶到一間黑暗的房子裡。在他的引導下，學生們很快就穿過了這間伸手不見五指的神秘房間。接著，弗洛姆打開房間裡的一盞燈，在昏暗的燈光下，學生們才看清楚房間的布置，也不禁嚇出了一身冷汗。原來，這間房子裡有一個很深很大的水池，池子裡蠕動著各種毒蛇，包括一條大蟒蛇和三條眼鏡蛇，有好幾隻毒蛇正高高地昂著頭，朝他們「吱吱」地吐著芯子。就在這蛇池的上方，搭著一個很窄的木橋，他們剛才就是從這個木橋上走過來的。

弗洛姆看著他們，問：「現在，你們還願意再走過這座橋嗎？」大家你看看我，我看看你，都不做聲。

過了片刻，終於有三個學生猶猶豫豫地站了出來。其中一個學生一上去，就異常小心地挪動著雙腳，速度比第一次慢了好多；另一個學生戰戰兢兢地踩在小木橋上，身子不由自主地顫抖著，才走到一半，就挺不住了；第三個學生乾脆彎下身來，趴在小橋上慢慢地爬了過去。

「啪！」弗洛姆又打開了房內另外幾盞燈，強烈的燈光一下子把整個房間照耀得如同白晝。學生們揉揉眼睛再仔細看，才發現在小木橋的下方裝著一道安全網，只是因為網線的顏色極暗淡，他們剛才都沒有看出來。

弗洛姆大聲地問：「你們當中還有誰願意現在就通過這個小橋？」

學生們沒有作聲，弗洛姆於是問道：「你們為什麼不願意呢？」

「這張安全網的品質可靠嗎？」學生心有餘悸地反問。

弗洛姆笑了：「我可以解答你們的疑問了，這座橋本來不難走，可是橋下的毒蛇對你們造成了心理害怕，於是，你們就失去了平靜的心態，亂了方寸，慌了手腳，表現出各種程度的膽怯——可見，心態對人的行為會造成多麼大的影響啊！」

生活中、工作中，在面對各種挑戰時，也許失敗的原因不是因為勢單力薄、智慧低下，也不是沒有把整個局勢分析透徹，而是把困難看得太清楚，分析得太透徹，考慮得太詳盡了，才被困難嚇倒了，倒是那些沒把困難完全看清楚的人，更能夠勇往直前。黑暗中更能闖出一條路來。

如果我們在通過人生的獨木橋時，能夠忘記背景，忽略險惡，專心走好自己腳下的路，也許能更快地到達目的地。放鬆心情，別把困難看得那麼難以跨越！

智慧品人生

生活中的很多困難其實都是來自人們內心的恐懼與慌張，與其戰戰兢兢地走人生的獨木橋，不如從容自若信步走來。

2·試著掌握退一步的策略

智慧之人，做事能屈能伸，
智慧之人，做事能進能退。
退，是換個角度思考問題的一種方法；
退一步的背後，是進更多步的策略。

一個人要想建功立業，必須要懂得以退為進。引擎利用後退的力量，會引發更大的動能；空氣一經壓縮，會具爆破的威力；軍人作戰，有時候要迂迴前進，才能勝利。世間很多事情不同，但是通常卻可以用相同的戰略。不知道你是否在工作中或者生活中採用過「退」的策略呢？

有一首詩描寫農夫插秧：「手把青秧插滿田，低頭便見水中天；身心清淨方為道，退步原來是向前。」這首詩非常形象，農夫插秧倒退著走蘊含了深刻的道理。有的人為了功名富貴，總是不顧一切地向前爭取。有的時候前面是險坑，跌下去會粉身碎骨；有的時候前面是一道牆，撞上去會鼻青臉腫。如果這時懂得以退為進，轉個彎、繞個路，世界還是一樣會有其他更寬廣的空間，這正如古人所云：「退一步，海闊天空。」

所以，一個人在世界上要想為人處世，必須要能謙恭禮讓；一個人要想建功立業，必須要懂得以退為進。

佛法講的「回頭是岸」，就是以退為進的含意。古時的先賢聖傑，從官場利祿之中歸隱，是為了待機緣；有些能人異士隱居山林，是為了等待聖明仁君。有的人非常重視「韜光養晦」，有的人等待「應世機緣」，高瞻遠矚之士都會懂得「進步哪有退步高」的道理。

春秋時候，楚王的三子季箚，因為賢能，父王要傳位於他，而他謙讓說：「上有長兄，應該由長兄繼位。」長兄去世以後，因其賢能，國中大臣又再舉他為王，他說：「還有次兄。」次兄去世以後，全國人民又一致推舉，希望他能出來領導全國。他說：「父死子繼，應該由故世的先王之子繼任王位。」仍然退而不就，後來他在歷史上留下賢能之名。可見退讓不是沒有未來，退讓之後往往在另一方面更有所得。

三國時代，劉玄德知道太子劉禪無能，要諸葛孔明取而代之，諸葛亮因謙讓，而在歷史上留下忠臣之名。周公輔佐成王，他雖是長輩，一直以臣下身分侍成王，所以能留下周公的聖名美譽。此皆證明，退讓不是犧牲，所謂「失之東隅，收之桑榆」，有時以退為進，更能成功。

以退為進，是人生處世的智慧。人生追求的是圓滿自在，只知前進不懂後退的人，他的世界只有一半。因此，懂得「以退為進」的道理，才可以將人生提升到某一種高度之上。

智慧品人生

以退為進有時成全了自己，也成全了他人。那麼對於我們又何嘗不是進步呢？生活的內涵是豐富多彩的，在這一方面的退卻，也許會收穫另一方面的成功。

3・苦難中將帶來累累碩果

生活中的各種苦難就是這樣，
能給我們帶來很多不愉快，
但也能給我們帶來生活的啟迪。

人生的道路沒有一帆風順，困難總是如影隨形。我們沒有辦法擺脫，所以對待它的最好辦法就是敢於面對，並學會領悟困難背後所帶來的價值。「陽光總在風雨後」的道理每個人都懂，但當真的面對「風雨」的時候，你是否依然記得這句話？勇敢去面對困難吧，那是你在人生路上又一次成長、收穫的財富！

有一個寓言。一天，上帝召集所有的動物一起吃飯。吃完飯，上帝取出一雙翅膀，說誰喜歡這個禮物，就可以放在自己背上。動物們皆認為這麼笨重的東西壓在背上不累死才怪。只有一隻小鳥心想，這看似累贅的東西是上帝送給我們的，或許是一種恩賜。牠將翅膀背在了背上。過了一會兒，牠試著輕輕地揮動翅膀，沒想到不但感覺不到沉重，反而還輕盈地飛上了天。許多動物目睹此景，懊悔極了。

大家認為會增加負擔的東西，反而使小鳥輕盈地飛了起來。正如許多表面上看似挫折、困難的事情，反而給了我們另一種收穫或是更上一層樓的動力。困難，挫折，在某種意義上，並非一件壞事。

一家直銷公司裡有一個五十多歲的婦人被稱為「超級業務員」，年薪高達千萬。為什麼她能將工作做得如此出色呢？她自己常常對別人說：「因為我的挫折感早就在年輕的時候用光了！」

年輕時候的她，經歷了太多的苦難。她小時候由於家裡生活很拮据，父母只得把她送給別人家收養。在養父母的家中，她從未感到過家的溫暖，常常被養父打罵。十五歲那年，好賭成性的養父，居然決定賣掉這個楚楚可憐的小女孩。那個時候她已經有自己獨立的意識，她不想自己的命運就這樣被殘忍的養父掌控。於是她偷偷地逃跑，輾轉到了外地。在那裡，女孩做過各種各樣的工作，打過零工，織過毛衣，擺過水果攤，賣過魚，開過小吃店……生活得十分艱辛。她拚命地賺錢，但也賠了很多錢，遇到過各種各樣的麻煩和困難。但是她沒有放棄，一直在努力地拚命工作。

經過不斷積累經驗之後。漸漸地，她的事業有了起色，最後取得了傲人的成績。

生活中的各種苦難就是這樣，雖然能給我們帶來很多不愉快，但也能給我們帶來生活的啟迪。正如那位成功的女推銷員，她一次次的失敗經歷，鍛煉出了她超乎常人的韌勁，所以她能在推銷這個既需要智慧，更需要耐力的工作中取得傲人的成績。

因此，朋友，請不要畏懼困難，困難過後，收穫的中將是累累碩果。

智慧品人生

人生中總會有各種各樣的苦難經歷，但是苦難並不像我們想像的那麼可怕，而且從某種意義上講，那只是人們成功之路上的一個臺階，是人們超越自己的一段路途。欣然面對苦難與失意，才能創造出更美麗的人生。

4．磨刀不誤砍柴工

俗話：「磨刀不誤砍柴工」，
當你付出努力仍然沒有回報時，
是否曾檢討過自己努力的方法是不是出了差錯？
做事，最忌諱的就是不講方法地蠻幹。

在我們的生活和工作中，常常會面對「事與願違」的無奈。不是所有的努力都能得到預期的回報。有句話叫「謀事在人，成事在天」，所以很多人認為，努力沒有得到回報是因為上天的不公平。這種想法很有意思。為什麼不停下來自我檢討呢，看看自己努力的方式是否正確，是不是存在不講究方法地蠻幹呢？

從前，有一個年輕人到山上砍樹，剛去砍樹的時候，他每天都是非常努力地工作。別人休息的時候，他也不休息，仍在努力地砍樹，不到天黑，絕不甘休。他想趁著年輕多幹一些，希望有朝一日能夠成功，為以後的生活積累一些積蓄。可是來了半個多月，他竟然沒有一次能夠贏過那些老前輩，明明他們都在休息，為什麼還會輸給他們呢？

年輕人百思不解，以為自己不夠努力，下定決心要更賣力才行。結果呢？隔天的成績反而比前幾天還差，這使得年輕人更加的迷惑了。為什麼呢？他一直也想不明白。這個時候，有一個老前輩叫這個年輕人過去泡茶喝，年輕人心想：我的成績那麼差，哪還有什麼時間喝茶休息呀！便大聲回答：「謝謝！我沒有時間，我得抓緊時間多幹些活兒。」

老前輩笑著搖頭說：「你知道為什麼你那麼努力，卻還沒有我們這些老頭子的成績好嗎？」

「為什麼呢？」小夥子好奇地問著。

「傻小子！一直砍樹，都不磨刀，你能砍得多快?成績不好，遲早要放棄的，真是精力過剩。」原來，老前輩們不是單純地坐下來泡茶、聊天、休息，同時他們也在磨刀，難怪他們很快就能砍很多樹，原來他們有一把鋒利的刀斧。

老前輩拍拍年輕人的肩膀說道：「年輕人要努力，但是別忘了要想辦法省力，千萬可別用蠻力呀！」老前輩讓年輕人看了他剛磨好的刀斧，年輕人頓時覺得眼前一亮，原來成績不是光靠努力就能得來的，還需要去休息，並在休息時把刀斧磨鋒利。

拚命地工作不一定就能取得成功。阻礙你前進的不一定是你前面的高山大河，還有可能是你自己沒有繫好的鞋帶。不要急著大踏步地前進，要先看清自己的腳下有沒有什麼牽絆。下面的故事，可能會給我們更多的啟示。

一天動物園管理員發現袋鼠從籠子裡跑出來了，於是開會討論，一致認為是籠子的高度過低造成的。所以他們決定將籠子的高度由原來的十米加高到二十米。結果第二天他們發現袋鼠還是跑到外面來，所以他們又決定再將高度加高到三十米。沒想到隔天居然又看到袋鼠跑到了外面，於是管理員們大為緊張，決定一不做二不休，將籠子的高度加高到一百米。

一天長頸鹿和幾隻袋鼠閒聊，「你們看，這些人會不會再繼續加高你們的籠子？」長頸鹿問。

「很難說。」袋鼠說，「如果他們再忘記關門的話。」

不關上門，即使把籠子加得再高也不可能把袋鼠關住，再多的努力都將是徒勞。

學會審視，不要急於行動，瞭解清楚問題的根本所在，會避免很多徒勞的工作。急著匆匆趕路，不如先停下來，看看自己有沒有走錯路。

智慧品人生

急著砍樹不如停下來把刀斧打磨得更鋒利；不斷地加高籠子，不如低下頭看看沒有關上的籠子門。做事離不開思考，不要盲目地努力。懂得思考的人，才會讓成功來得更快速。

5・勇者的三條路

真正的勇敢，
是面對危急情況仍保持清醒，
有智有謀地應對。

生活中的勇者總是受到人們的推崇，所以大家都想成為生活中的勇者。但什麼才是真正的勇敢呢？對於勇敢，不同的人總是會有不同的理解。

經常可以在電視裡看到有動物互相殘殺的激烈場面。如獅子為捕獲羚羊常常騰躍而起，疾如閃電，一番拚殺，將羚羊置於死地；而羚羊也不願坐以待斃，為躲避捕殺，總是竭盡全力，奮勇向前，雖不一定能逃出魔掌，但也死得悲壯。於是，有人認為：為了生存，動物的第一反應便是勇敢地追逐或逃竄。人也一樣，因此，勇敢是一種本能的迸發與衝動。

在報紙上見過這樣一個報導。有一位軍人，在回家探親途中赤手空拳與車匪搏鬥，身受重傷。在他生命垂危之際，仍高昂著頭吶喊：「抓歹徒！」因此，有人認為：勇敢，就是捍衛人格尊嚴的一個支點，有了它，雖然粉身碎骨，但能在人們心中樹立豐碑，成就生活的悲壯。

美國女孩瑪麗一天開門時，發現一個持刀男子兇狠地站在門前。「糟了，遇到了劫匪！」這一念頭驟然閃現在瑪麗的腦海裡，但她迅速地鎮靜下來。微笑著說：「朋友，你真會開玩笑，你是來推銷菜刀的吧？我喜歡，我要一把。」接著便讓男子進屋，還熱情地對男子說：「你很像我以前一個熱心的鄰居，見到你我真高興，你要咖啡還是茶？」原來滿臉殺氣的男子此刻竟有些拘謹起來，忙結巴地說：「謝謝，謝謝！」片刻瑪麗買下了那把菜刀，男子拿了錢遲疑了一下便走了。在轉身離去的一剎那，男子對瑪麗說：「小姐，你將改變我的一生……」就這樣一場悲劇被巧妙地避免了。

可以說動物勇敢是本能的勇敢，軍人勇敢是大義凜然的勇敢，而女孩瑪麗的勇敢則是智慧的勇敢。勇敢的意義不是單一的挺身而出，有時更是沉著冷靜地應對，巧妙地達到自己的目標。

提到勇者讓人第一反應就想起衝鋒陷陣的士兵，或者馳騁沙場的英雄。然而真正的勇者並不一定是衝在最前面的，那些面對危急情況仍保持著清醒，有智有謀的應對者也是勇者。

智慧品人生

大勇，蘊於智。真正的勇敢不是冒進，而是懂得根據事情的具體情況採取適當的措施，才是真正的智慧。

6．拿出你的溫柔和賢慧

真正聰明的女人，在遇到感情問題時，
不會和丈夫「刀兵相見」，
而是會拿出溫柔、賢慧、善解人意和睿智的表現來。

戀愛，讓人充滿激情。但是日復一日的婚姻生活卻磨滅了很多夫妻對待感情的熱情。感情出現了危機，女方往往是一哭二鬧三上吊，但這多半起的是反作用。以退為進，將自己溫柔賢慧的一面展現給已經變心的丈夫，迂迴地處理不失為明智之舉。

有個女士叫許微微，是一家外資公司的翻譯。丈夫是碩士，在外貿局職位升得很快。他們夫妻的工資都不低。結婚七年後，他們買房買車。這些都有了，微微才決定要孩子。一年以後，三十三歲的微微生下女兒丫丫。從此，就做了全職太太，把全部的精力都放在女兒身上。

一次偶然的機會，她在酒吧裡看見丈夫正摟著一個女人談笑風生，一時間傷心欲絕，不知道該如何是好。

回到家裡，女兒ㄚㄚ在小床上睡得正香。微微來到床前的梳妝鏡前看著自己。紅腫的眼，疲憊的神態，過時的衣服緊繃繃地裹在身上，滾圓的身材，臉盆一樣的大臉。她思緒萬千：「這是我嗎？這是以前那個美麗優雅的我嗎？」如今反思，也正是這三年，她忽略了丈夫。丈夫的工作沒有過問過，他回家的時間越來越少，甚至他們也很少過夫妻生活了。這些，自己居然都沒在意。

微微經由對丈夫司機的追問，得知丈夫和那個第三者已經在一起三、四個月了，並且還給那個女孩租了一套房子，經常同居。

「如果他不愛我了，那麼我和ㄚㄚ怎麼辦呢？」她癱坐在床沿，腦袋裡一片空白。忽然，微微的眼光落在了床頭零亂的書上。她想起了前兩天看的《聊齋志異》裡面的一個故事——《恒娘》。

微微重新讀了那個故事，含著眼淚辛酸地笑了。是的，她知道該怎麼做了。

第二天上午十點多，微微來到了丈夫的辦公室。在秘書的座位上，果然看到了那個第三者。仔細打量了她一下，長相普通，氣質還不錯。她心裡有了底。

微微關上房門，單刀直入地告訴丈夫，已經知道了他和那個女孩的事情，請他這一兩個月不要回家。她非常清楚，將欲取之，必先予之，丈夫愛的就是嘗鮮，她就退一步，先成全他。

那一個月微微過得非常辛苦。白天送女兒去幼稚園，回家就撿起以前的書本，瘋狂閱讀。她鎖緊大門，不接丈夫的電話。一個月以後，微微帶著女兒在公司和丈夫見了面。那天，她特意換上了樸素的衣服，不用裝扮就已經是一副很讓人可憐的樣子。果然，那天丈夫一見到微微，眼中就泛起了不忍之色。當女兒撲到他懷裡甜甜地叫爸爸時，他眼圈都紅了。

他拉著微微說：「我跟你們一起回去吧。」微微深情地看了他一眼，「你能保證跟她斷嗎？你能保證從此以後一心一意地回歸家庭嗎？」丈夫囁嚅著說：「給我點時間，讓我慢慢和她解釋吧。」微微笑了：「那你再考慮考慮吧，看看愛情和家庭，孰輕孰重，考慮好了再回來。」

「新鮮勁兒過了，同情心也還在，這證明丈夫對自己還有感情，那麼下一步，就是徹底改變自己。同時，還必須得做最壞的打算，如果他真的不回來，就得靠我自己的力量來維持我們母女的生活。」這是微微透過丈夫的表現做出的第二步戰略規劃。

微微在離家不遠的地方找到了一家翻譯公司，成了兼職翻譯。那些工作可以帶回家來做，時間是寬裕的。然後，又去了一家大型的美容店，進行減肥和塑身。當她敷著面膜，享受著全身按摩的同時，微微忽然感覺到，在全心全意為家庭付出的那三年裡，她完全失去了自我。除了母親的身分，她忘記了自己還是個女人，還是個妻子，甚至忘記了自己也可以不用依靠男人，只用自己的雙手便能生活得很好。

慢慢地，微微的雙下巴不見了，以前的鵝蛋臉慢慢顯現，腰圍一寸寸在縮小，腿也越來越細。當她重新穿上年輕時的裙子時，激動得簡直說不出話來。而這段時間裡，丈夫好像良心也有發現，經由司機，微微得知他最近很少去那個女人那裡了。更多時候，他一個人待在辦公室。

聖誕夜，照例是丈夫單位和一些外商舉辦聯歡會，員工須帶家屬參加。以前年年都是微微陪著他，今年也不會例外。

微微淡淡地化了妝，把自己打扮得非常優雅得體，她再一次站在梳妝鏡前，那裡的她，已經不再是那個冬瓜妻子，而是一個熠熠發光的女人。她成了酒會的焦點。

當微微以流利的口語與老外們交流，挽著丈夫的手臂陪他四處應酬時，丈夫感覺出微微魅力不減當年。

酒會結束，丈夫回到了久違的家，真誠地向微微表達了歉意，希望挽回婚姻。丈夫想在家留宿，微微還是拒絕了，她要再考驗丈夫。直到丈夫無論在思想上，還是行動上，真正回心轉意，她才接納了丈夫，延續他們受挫的婚姻，過上幸福生活。

但如果微微用「一哭二鬧三上吊」的方式跟丈夫大打大鬧，結果還會這樣嗎？讓人深思。

智慧品人生

當婚姻出現波折，與其一味地抱怨和難過，不如學著從自身尋找原因，改變自身不足，學會退讓。盡全力為婚姻做出自己該做的事情。

7．上善若水，柔能克剛

「以退為進」就是放棄暫時優勢和勝利，採取後退的曲折方法以達到最終的成功目的。

老子哲學的根本是「以出世的心態入世」。道家的「以退為進」的思想是獨特的生存和取勝之道，能體現在現代生活中的各方面。因為這個世界是由衝突和矛盾組成的，有衝突和矛盾，就一定會有前進或者後退，要麼是雙方戰場廝殺，一方落敗，一方凱旋；要麼是一方落荒而逃，一方乘勝追擊；要麼是雙方退讓而握手言和。「以退為進」就是放棄暫時的優勢和勝利，採取後退的曲折方法以達到最終的成功目的。這種情況在日常生活中會經常遇到。

日本著名的行銷大師原一平曾是一家保險公司的一名普通行銷員。一天，他去一個菸酒店拜訪客戶。這家菸酒店是他剛剛促成合作的新客戶。由於已成為客戶，又是第二次拜訪，原一平自然比較鬆懈、隨便，頭上的帽子都戴歪了。

原一平一邊說早安，一邊拉開玻璃門，應聲而出的是菸酒店的小老闆，他是大老闆的兒子。雖然是小老闆，但年紀已經不小了。

這位小老闆一見原一平，就生氣地大叫起來：「喂，你這是什麼態度，你懂不懂得禮貌，歪戴著帽子跟我講話，你這個大混蛋。我是信任明治保險，也信任你，所以才投了保，誰知我所信賴的公司員工，竟然這麼隨便無禮。」

聽完這句話，原一平立刻正好了帽子並深鞠一躬：「唉！我實在慚愧極了，因為你已經投保，把你當成自己人，所以太隨便了，請你原諒我。」

原一平繼續鞠躬道歉說：「我的態度實在太魯莽了，不過我是帶著向您請教的心情來拜訪您，絕沒有輕視您的意思，所以請您原諒我好嗎？千錯萬錯，都是我的錯，請您息怒，跟我握手言和好嗎？」

小老闆突然轉怒為笑：「不要老道歉了，進來店裡吧，其實我大聲責罵你也太過分了。」他握住原一平的雙手，說，「慚愧！慚愧！我也太魯莽無禮了。」

兩人愈談愈投機。小老闆說：「我向你大發脾氣，實在太過分了。我看這樣吧，上次我不是投保了五千元嗎？我看這次就增加到三萬元好啦。」

原本可能是一場戰爭卻帶來了一筆新的生意，而就是這一退一進，註定了原一平的成敗。「退」表面上看來是軟弱和無能，但卻是對緊急情況的快速判斷和接受，然後做出的適時有效的反應。

道家主張「無為而治」「不為人先」，要以退為進，養精蓄銳，厚積薄發，後發制人。退是為了更好地進，退才能夠更好地進。道家主張以柔克剛，而最能體現柔而不爭精神的莫過於水。老子云：水性至柔，而力至堅，利劍不能斷其身，但它卻能穿石，無堅不摧。「上善若水，水善利萬物而不爭，處眾人之所惡，故幾於道。居善地，心善淵，與善仁，言善信，政善治，事善能，動善時。夫唯不爭，故無尤。」要想有所作為，克服事業中遇到的困難，就要在適當的時候採取適當的方法，當進處，則義無反顧；當退處，則以柔克剛。

智慧品人生

老子講柔能克剛。這我們提供了駕馭自己人生很好的辦法。人生，有時候需要我們俯下身，以一種較低的姿態面對。

8・給自己創造一個被發現的機會

當你因自己懷揣不遇而終日抱怨，
不如去給自己創造一個被發現的機會。
機會只留給懂得爭取它們的人。

並不是所有的寶石都能有閃爍光芒的機會。有時，寶石是被包裹在石頭裡的，需要等待別人的開採，但是也並不是所有的寶石都能順利地得到開採的機會。而我們人就不一樣了，與其抱怨自己懷才不遇，不如去給自己創造一個被發現的機會。

一位愛好文學的年輕人，從學校畢業後來到美國西部，他想當一名新聞記者，但人生地不熟，一直沒有找到合適的工作。身上的錢已所剩無幾，他有些失望。難道是自己的專業不夠好才沒有被錄用嗎？他覺得自己就要走投無路了。這時他突然想起了他最崇拜的大作家馬克．吐溫。於是年輕人給他寫了一封信，希望能得到幫助。

馬克．吐溫接到信後，馬上給年輕人回了一封信，信上說：「如果你能按照我的辦法去做，你肯定能求到一席之地。」馬克．吐溫還問年輕人，希望到哪家報社工作。

年輕人看後十分高興，馬上回信告之。於是，馬克．吐溫又告訴他：「你可以先到這家大報社，告訴他們你現在不需要薪水，只是想找到一份工作，好好鍛煉一番，你會在報社好好地幹。一般情況下，報社不會拒絕一個不要薪水的求職人員。你在獲得工作以後，就要努力去做。把採寫到的新聞給他們看，然後發表出來。這樣，你的名字和業績就會慢慢被別人知道，如果你很出色，那麼，其他報社就會有人聘用你。然後你就可以到主管那兒，對他說：『如果報社能夠給我相同的報酬，那麼，我願意留在這裡。』對於報社來說，他們是不會輕易放棄一個有經驗又熟悉業務的工作人員的。」

年輕人讀了馬克．吐溫的信，心裡想，以自己現在的處境來說，這樣的工作不是進取而是後退。雖然他不一定得不到大報社的錄用，但要找一份有薪水的工作還是沒問題的。年輕人思前想後決定還是照著馬克．吐溫的辦法去做，先試試看。

他很快在一家大報社工作了，但是沒有工資。最初，他的工作也只是整理文稿和校對等，根本沒有機會寫東西。年輕人開始打退堂鼓了，畢竟他的經濟狀況難以支持無薪的生活。但機會也在這時出現了。由於報社缺人手，他終於有機會出去採編了。他很好地抓住了這次機會，用心寫了一份十分精彩的稿子，主編很滿意。於是他的工作順利地變成了採編。更令人高興的是，他和其他採編有同樣的薪水。備受鼓舞的年輕人更加努力工作，所發的稿子越來越多，好評也漸漸多起來。

不出幾個月，他就接到了另一家報社的聘書。令人吃驚的是，他所在的報社知道後，主管竟然主動找他，說願意付高出別人很多的薪水來挽留他。

按照馬克．吐溫的方法，年輕人終於找到了合適的工作，但是比這份工作更重要的是，他學到了做人的一個基本的方法，放低姿態，以退為進。

智慧品人生

沒有播撒，哪有收穫？沒有行動，夢想終歸是夢想。凡事都需要一個過程，更何況是理想的實現，夢想的成功？

9．說話多婉轉一分

在一定的環境下，不如先做一時的退讓，傾聽一下別人的聲音。懂得婉轉的人，更容易讓人接受也更受歡迎。

記者是要與不同的人打交道的職業，需要面對各種各樣的採訪任務，有時如何巧妙地向被採訪者提出問題至關重要。這個時候，有經驗的記者通常會避開要採訪的問題，而是婉轉地先向被採訪者提出其他問題或者從另外的角度，旁敲側擊地提出問題。

義大利著名女記者奧里亞娜·法拉奇曾有這樣一次採訪經歷。當年，她去採訪巴基斯坦前總統阿里·布托。阿里·布托被西方評論界稱為最專橫、最殘暴的總統，是一個法西斯分子似的人物。法拉奇在採訪他時，就巧妙地運用了以退為進的方法。她沒有直接問：「總統先生，據說您是一個法西斯分子，您是怎麼認為的呢？」而是將這個問題轉化為：「聽說您是有關墨索里尼、希特勒和拿破崙的書籍的忠實讀者。」就這樣，法拉奇成功地將一個很難問的問題婉轉地問了出來。不知不覺中，阿里．布托總統已經開始放鬆自己的言行，侃侃而談自己的「政治主張」，說出了自己的真實想法。就這樣，法拉奇以一個看起來無足輕重的問題，問出了這位總統的政治主張。

在中國有位記者也遇到過類似情況。他的任務是採訪越南總理阮文紹，據說阮文紹是「越南最腐敗的人」。中國的這位記者，想瞭解他本人對於這一評論的看法。如果直接就問，一定會遭到阮文紹的一口否決，這樣不僅不能問出他對這樣評論的看法，而且採訪都很難進行。精心思考後，這位記者聰明地將問題拆為有著相互聯繫的兩個小問題。他先問到：「聽說在您小的時候，家境很貧寒，對嗎？」阮文紹聽後，開始動情地描述起他小時候家庭的困難境地。在上面的問題得到了肯定的答覆之後，這位記者又接著追問：「今天，您富裕至極，在瑞士、倫敦、巴黎和加拿大都有自己的存款和住房，是這樣的嗎？」阮文紹雖然否認，但為了對輿論有個交代，也不得不說自己「並不豐厚」的家產，暴露了「少許的家產」。至於阮文紹是否像外界所說的那麼奢華、腐敗，從他所羅列的少許家產中，讀者已經可以做出自己的評判了。

不僅做記者是這樣，生活中我們在與人交往的時候也經常會遇到這樣的問題。有的話不能直接說出來，不妨換成另外一種更為巧妙地說法。注意你的談話內容，以圓熟的措辭與身邊的人交往，才能更吸引人。

不論你是想給別人提出意見，還是想糾正別人的錯誤，都要婉轉、誠懇、親切，不能太直接、生硬，更不能與人爭論得面紅耳赤，非得駁倒別人。婉轉是有一種溫和的，可以更容易讓人接受的說話方式。懂得婉轉的人，更容易讓人接受也更受歡迎。

智慧品人生

孔子說：「可與言而不與之言，失人；不可與言而與之言，失言。知者不失人，亦不失言。」與人交往中，經常會遇到各種問題，遇到各樣的人，應該時刻注意自己的語言，儘量做到不失言於人。必要時，試著運用圓熟的語言，這才是交往談話的智慧。

10・留得青山在，不怕沒柴燒

每個人都會遇到不如意的時候，
只是有智慧的人更懂得退避隱忍，保護自己，
等到得力的時機，再反敗為勝。

智者千慮必有一失，即使你有絕世的智慧，也會有不如意的時候，甚至是身處危險的境地。這個時候，我們就應該退避隱忍，等待時機。我國著名的軍事家孫臏曾遭龐涓的陷害，險些失掉性命。

孫臏和龐涓當年都拜鬼谷子先生為師，他們一起研習兵法，情誼深厚，並結拜為兄弟。但是有一年，魏國國君以優厚的待遇招納天下賢士到魏國做將相，龐涓便下山為魏國效力。孫臏則覺得自己才學尚不足以治國平天下，於是留在山上追隨鬼谷子先生研習兵法。臨行前二人約定他日共建功業。

龐涓到了魏國，果然受到魏王的重用，執掌魏國兵權。在他的指揮下，魏國不

斷入侵周圍的小國，使得這些小國紛紛來魏國朝貢。這樣一來，龐涓在魏國有了很高的威望，開始自傲。而這期間孫臏還在向鬼谷子先生學習兵法。孫臏原本就比龐涓學得紮實，鬼谷子先生見他為人誠摯，更是將他多年來秘不傳人的孫子兵法教授於他，這樣，孫臏的才能更遠遠地超過了龐涓。

後來魏王聽人的推薦，便恭請孫臏下山，孫臏以為是龐涓向魏王推薦自己，便欣然同意，想與龐涓一起共同建立功業。然而，推薦他的人並不是龐涓，而是別人。龐涓聽說自己走後，鬼谷子先生將孫子兵法教授於孫臏，又見魏王對孫臏很尊重，便擔心孫臏的出現會奪了他的風頭。不久後，他便設計想陷害孫臏，而且還想得到孫臏從鬼谷子先生那學到的孫子兵法。

在龐涓精心策劃後，孫臏則被陷害有叛魏向齊的居心，魏王大怒，便想殺掉孫臏。龐涓又假意向魏王求情。魏王聽從了龐涓的建議，但對孫臏施用了酷刑。

就這樣，孫臏被挖去了兩個膝蓋骨，臉上也被刻下了「私通敵國」四個字。龐涓過來親自為已經成為廢人的孫臏上藥，並把他帶回家，細心地加以照料。

一個月後，孫臏的傷口已基本癒合，但以後只能盤腿坐在床上了。此時，龐涓對孫臏更是關心體貼，一日三餐，極其豐盛。孫臏很過意不去，總想盡自己所能為龐涓做點什麼。開始龐涓什麼也不讓他做，後來經孫臏再三要求，才說：「兄坐於床間，就把鬼谷子先生所傳的孫子兵法及注釋講解寫出來吧，這也是對後世有益的善事，可因此使吾兄揚名於萬代千秋呢！」

孫臏知道龐涓也想全面學習孫子兵法，就高興地答應了。從那天起，孫臏日以繼夜地在木簡上寫起來，日復一日，廢寢忘食，以致人都勞累變了形。

一個服侍孫臏的小童，從龐涓的貼身侍衛那裡打聽到龐涓想等到孫臏寫完兵書就把他殺死。小童把這個消息偷偷地告訴了孫臏，孫臏的心一下涼透了，沒想到自己視為親兄弟的人居然這樣對待自己。傷心之餘，他也意識到了自己的處境。

第二天，正要繼續寫書的孫臏，當著小童及兩個衛士的面，忽然大叫一聲，昏倒在地，大嘔大吐，兩眼翻白，四肢亂顫。過了一會兒，醒過來，卻神態恍惚，無端發怒，瞪起眼睛大罵：「你們為什麼要用毒藥害我？！」罵著，推翻了書案桌椅，燭臺、文具掉了一地，接著，抓起花費心血好不容易寫成的部分孫子兵法，扔到火盆裡。立時，烈焰升起。孫臏又把身子撲向火，頭髮鬍子都燒著了。

人們慌忙把他救起，他仍神志不清地又哭又罵。那些書簡則已化成灰燼，搶救不及。

龐涓慌忙跑來，只見孫臏滿臉吐出之物，髒不忍睹；又見孫臏趴在地上，忽而磕頭求饒，忽而呵呵大笑，完全一副瘋癲狀態。見龐涓進來，孫臏爬上前，緊揪住他的衣服，連連磕頭：「鬼谷子先生救我！鬼谷子先生救我！」

「我是龐涓，你別認錯了！」

「鬼谷子先生！鬼谷子先生，我要回山！救我回山！」孫臏仍舊揪住龐涓，滿嘴白沫地大叫。

龐涓使勁甩開他髒兮兮的痙攣的手，心裡疑惑。仔細打量孫臏半天，又問侍衛及男童：「誰對他說什麼了沒有？」沒人回答。

龐涓並不傻，他懷疑孫臏是裝瘋，就命人把他拽到豬圈裡。孫臏渾身汙穢不堪，披頭散髮，全然不覺地在豬圈泥水中打滾，直怔怔瞪著兩眼，又哭、又笑……

龐涓派人在夜晚四周無人時，悄悄送食物給孫臏：「我是龐府下人，深知先生冤屈，實在同情您。請您悄悄吃點東西，別讓龐將軍知道。」

孫臏一把打翻食物，猙獰起面孔，厲聲大罵：「你又要毒死我嗎！」來人氣極，就撿起豬糞、泥塊給他。孫臏接過來就往嘴裡塞，毫無厭惡的樣子。龐涓這時才有些相信，從此任孫臏滿身糞水地到處亂爬，有時睡在街上，有時躺在馬棚、豬圈裡。也不管白天還是黑夜，孫臏睏了就睡，醒了就又哭又笑、又罵又唱。龐涓終於放下心來，但仍命令：無論孫臏在什麼地方，當天必須向他報告。

這時，真正知道孫臏是裝瘋避禍的只有一個人，就是當初瞭解孫臏的才能與智謀、向魏王推薦孫臏的人，這個人就是墨翟。

他把孫臏的境遇告訴了齊國大將田忌，又講述了孫臏的傑出才能。田忌把情況報告了齊威王，齊威王求賢若渴，要求他無論用什麼方法，也要把孫臏救出來，為齊國效力。

於是，田忌派人到魏國，乘龐涓的疏忽，在一個夜晚，先用一人扮作瘋了的孫臏把真孫臏換出來，脫離龐涓的監視，然後快馬加鞭迅速載著孫臏逃出了魏國。

就這樣，孫臏保全了自己的性命。到了齊國，他絕世的軍事才能才真正得以施展，在幾次作戰中戰勝龐涓。他還結合自身的實戰經驗，發揚了鬼谷子先生所教授的兵法，把孫武的《孫子兵法》發揚光大。

退避隱忍，方可在來日尋找時機，成就自己。孫臏的智慧，讓人敬佩。

智慧品人生

身處險境時，就得退避隱忍一下，甚至裝瘋賣傻，避開災難，以待翻身的時機。留得青山在，不怕沒柴燒，保全自己是日後成功的基礎。大丈夫能屈能伸，一時的隱忍若能帶來長遠目標的實現，又何足惜？

11·退是成功的資質

人的欲望是無止境的，過分欲望則會貪婪成性，為人處世的大智慧，就在於如何在退讓中取得進步。

理想就像耀眼的太陽，迎著它固然光芒萬丈，但看久了也會使眼睛刺痛不已。何不閉上雙眼依舊向著太陽，因為此時的你同樣能感受到一片金紅和汩汩暖流，而這暖流卻絲毫沒有因為你閉上雙眼而消減，相反，卻使你能夠集中意志在腦中深深體會這份溫馨。

仕途上，有人希望步步高升；學海中，有人希望博學識廣；商戰中，有人希望日進斗金。人的欲望總是這麼無止境，貪婪奢望已經見慣不怪。其實，為人處世能以退為進往往會取得更大成功。

有這樣一則故事，說明了「彈性」地選擇進退在我們生活中的重要性。

赫爾鮑姆是礦冶專業的高材生，從美國耶魯大學畢業之後，又進德國的佛萊堡大學深造，並拿到了碩士學位。然而，當他來到美國西部的一個大礦找工作時，卻很不順利。

按照預約的時間，赫爾鮑姆走進大礦主的辦公室，準備面試。

他先把文憑遞上，心想對方看了之後一定會感到滿意。但是大礦主對此一點也沒有興趣，斷然拒絕了他的求職要求。

「先生，正因為您有碩士學位，所以我不能聘用您。」大礦主毫不客氣地說，「我知道，你學了系統的理論，可那些東西並沒有什麼實用價值，我可用不著你這種溫文爾雅的工程師。」

原來，這位大礦主是工人出身，一步一步地從基層被提拔上來的，後來成為大礦的「掌門人」。此人生性耿直，脾氣執拗。由於自己沒有上過大學，因此不喜歡有高學歷的人。尤其對那些張口能講出一大套理論的工程師，更深有抵觸。面對應聘時出現的這種尷尬和無奈，聰明的赫爾鮑姆腦子一轉，很快想出了對策。他毫不惱怒，而是巧妙地轉換話題，以緩解氣氛。

他微笑著說：「礦主先生，我想向您透露一個秘密，可您得事先答應我一個條件——不告訴我父親。」大礦主對此頗感興趣，表示決不洩密。

「說真的，我在德國佛萊堡大學的三年時間一直是在混日子，什麼東西也沒有學到。」他小聲地告訴對方。一聽完這話，大礦主的臉馬上由「陰」轉「晴」，哈哈大笑起來，然後當場拍板：「很好，您被錄用了，明天就可以來上班。」

這樣的「欲揚先抑」的計謀只是小小地施展了一下，卻帶來了意想不到的收穫，足可見「以退為進」的力量。謙恭禮讓並不妨礙成名立業，很多時候要懂得旁敲側擊。年輕人雖然涉世不深，卻應該知曉並運用此類處世的哲理。

前面已是一道高牆，何苦冒進撞個鼻青臉腫呢？輕巧地避過或許更好。「回頭」不是遷就妥協，而是「有所悟，有所行」。歷代聖賢名家，從官場名利中全身而退，是為了厚積後再作拚搏；有些人隱居田園荒舍，像諸葛亮，是為了等待仁君義主的出現。「韜光養晦」「臥薪嚐膽」是「退」的最高境界，有時以退為進，不失為成功的大智慧。

智慧品人生

人生一本充滿智慧的圖書，應該是思索與閱讀並舉，才能讀懂其中的真諦。盲目地學習不知變通，終將一無所獲。

第三章 以退為進是一門等待時機的學問

如果你總是覺得自己命運多舛，
請正視你的「不幸」吧！
因為越是芳香的蘋果，
上帝越可能咬你一口，
缺陷是上帝的特殊鍾愛，
也是你對命運的挑戰。

1・勇於直視生活的苦難

勇敢地直視生活的苦難，等待迎接潮水的到來，那時，你定能揚帆遠航。

人生之路不是一馬平川，有崎嶇的山路，也有急流險灘。面對生活的磨礪，有的人沒有勇氣接受生活的挑戰，那麼則只能向生活妥協，成為生活的失敗者；另外一些人勇敢地接受了生活的各種艱難險阻，借助阻擋住自己的崎嶇山路，登上了更高的山峰。

有一名建築師，在一次施工中，意外地遇上塌方事故。雖然他僥倖保住了性命，但是卻失去了雙腿。

每當他想起自己將永遠無法行走時，就倍感絕望。後來，他竟趁家人不注意，偷偷吞下一整瓶鎮痛藥片。幸虧被家人及時發現，將他送入醫院進行搶救，才挽回他的生命。但是，他精神上依然悲觀絕望，萎靡不振。

一天，市藝術展覽館為一位殘疾畫家舉辦畫展，家人決定陪他前去參觀。

在展覽大廳一角，他被其中一幅水彩畫深深地打動了：一片金色的海灘，上面擱淺著一條老船，在它那瘦骨嶙峋的筋骨上，刻滿了歲月的滄桑，那稍稍傾側的船體下，只有一小汪清水。然而，在畫上面卻寫著一行非常有力的字：「相信吧，潮水會回來！」

從這幅畫中，他感覺到有一股無形的力量在震撼著他，不禁間，竟雙眼濕潤。他非常想拜見一下畫作的作者。之後，他從展室管理員那兒知道了一些作者的情況。原來，這些畫作都是出自一位年逾七旬的殘疾老者之手。而在十多年前，那位老者因病臥床不起。但是，這麼多年來，他一直堅持與病魔抗爭。這名建築師再一次被老畫家的精神感動了，於是讓家人陪他去拜訪了那位老者。

當他來到那位老者的家裡時，老畫家正躺在床上，用兩個枕頭墊著後背，守著畫板作畫。然而，在老者那枯瘦的面孔上，見不到絲毫痛苦的表情。老者放下畫筆，熱情地和他們打招呼，有說有笑地交談著。

在交談中，建築師坦誠地對老者說：「見到你之後，我忽然開始為自己以前的怯懦感到羞恥。」

告別之時，老畫家把那一幅《迎接潮水》的畫送給了他。

設計師在收到這位老畫家的鼓舞下，重新振作，繼續著他的設計歷程。後來，他設計了許多有名的建築，成為一名十分出色的建築設計師。

相信自己是一艘等待潮水的大船，只是暫時被困在淺灘。只要有向著大海的勇氣，就一定能等到潮水再回來的時候。

智慧品人生

不要認為自己是一艘被大海遺棄的破船，相信自己只是一時擱淺；面對眼前的高山不要認為它是你的障礙，其實它是你登高的階梯。無論何時都要坦然地面對生活的艱辛，不能失去生活的勇氣。

2．芳香的背後

珍珠的閃爍離不開沙石的打磨，
鮮花的綻放必定是在風雨洗禮後的晨曦，
生命的芳香亦是如此，
必定會經歷一個痛苦的過程。

舞臺上，演員的表演精彩絕倫，當你為其鼓掌喝采的時候，是否知道，演員曾經為這精彩的瞬間付出了多麼大的代價，承受了多麼大的苦難。殊不知最好的東西需要最痛苦的孕育，才能形成。芳香四溢，那是來自背後默默無聲的艱苦付出。

龍涎香是一種名貴的香料。它與麝香幾乎是所有高級香水和化妝品中必不可少的配料。據說作為固體香料，它的香氣可以長達百年，被譽為「天香」和「香料之王」，但很多人卻不知道它孕育中所經歷的痛苦。

《星槎勝覽》上給龍涎香賦予了一個美麗的傳說：「龍涎嶼，獨然南立海中，波擊雲騰，每至春間，群龍所集，於上交戲，而遺涎味……其龍涎初若脂膠，黑黃色，頗有魚腥之氣，久則成就土泥。」由此，先人相信龍涎香是「龍之唾液」。雖然這只是人們從它奇異的香味，幻想出的美麗傳說而已，但卻反應出了它香味的特別。人們覺得這樣美妙的香料，一定很傳奇，很高貴。

當經過海洋生物學家們反覆研究，終於向人們揭開了龍涎香的神秘身分的時候，不禁讓所有人大吃一驚。原來，龍涎香源於抹香鯨的體內。抹香鯨最喜歡吞吃章魚、烏賊、鎖管等動物，而章魚類動物體內堅硬的「角喙」可以抵禦胃酸的侵蝕，在抹香鯨的胃裡不能消化，如直接排出體內的話，勢必割傷腸道。於是在千萬年的進化中，抹香鯨慢慢適應了這種「飲食」習慣，它的膽囊能夠大量分泌膽固醇進入胃內將這些「角喙」包裹住，形成罕見的龍涎香，然後再緩慢從腸道排至體外，有的抹香鯨也會通過嘔吐排出。稀世香料就這樣產生了。

原來這樣奇異的香料的出身竟如此卑微，更讓人難以置信的是，龍涎香在剛剛誕生的時候，不僅不香，而且還奇臭無比。它需要在海波的摩挲、陽光的曝曬、空氣的催化下，臭味才能慢慢消減，然後淡香出現，逐漸變得濃烈；顏色相應也會由最初的淺黑色，漸漸地變為灰色、淺灰色，最後成為白色。白色的龍涎香品質最好，只是它需要經過百年以上海水的浸泡，才能散發出奇異的香氣。

龍涎香的產生是一個長期漫長的過程，就像我們人的成長一樣，需要經過多年的打磨才能綻放出驕人的生命之花。我們為什麼不能做一次「龍涎香」，給自己一個鍛造的過程呢？不要因為一時的失意，而去否認自己的能力，也許你就是一塊正在孕育中的龍涎香。應該相信自己一時的苦難只是上天對你的考驗，上天選中了你，是希望你能像龍涎香一樣，為人間帶來奇異的芳香，才會讓你承受別人所不曾經歷的痛苦。感謝那些磨難和挫折，要不是它們，我們怎麼會成長，怎麼會壯大？

智慧品人生

很多時候，我們是不能選擇的，想成為能留香百世的龍涎香就必須經歷痛苦的孕育和海洋的「摧殘」；想成為翩翩起舞的蝴蝶就必須承受破繭的痛苦；想成就一世偉業，就必須經歷生活的考驗。在困難的時候想想龍涎香，相信自己也是上天的寵兒。

3．學習穩重之功

鑽石之所以光耀，那是因為它們在地下多年的修為，
煤炭之所以暗淡，那是因為他們急於嘗試而忘記了自己本還稚嫩。

沉穩的人內斂，不張揚，那是因為他們更懂得修為自己，承受了更多磨煉和壓力，而急於表現自己的人，不僅稚嫩，更無法呈現出耀眼的光芒。看看下面的故事，你會有什麼啟發？

在一個華麗的房間裡，靠近壁爐的桌子上擺著一塊光彩奪目的鑽石，牆角的火爐邊放有一些黝黑的、貌不驚人的煤炭。

煤炭唉聲嘆氣：「唉！為什麼我們天生身體黑？天生沒價值？天生這副德性？唉……」

鑽石聽了很不忍，便開口安慰道：「同胞們，別難過了！」

煤炭一聽，七嘴八舌地回答：「同胞？不會吧！我們是同胞？我們可不像你天

生好命，材質非凡呢！別挖苦我們了！我們怎麼可能是同胞！」

鑽石說：「真的，我沒騙你們，我們可是遠房親戚呢！咱們的成分都是『碳』，難道不是同胞嗎？」

煤炭們嘆惋道：「天啊！老天真是不公平！為什麼我們和你的命運差那麼多？」

鑽石慢慢地說：「這是因為，我和大家的經歷不一樣。我沒有像大家那樣早早出土，而是待在地下承受更大的壓力和寂寞，我待在地下的時間要比大家多很多年呢。這就是原因。雖然我們都是碳結構，但我們的經歷不同，所以最終的呈現風貌也就不同。」

其實人和人之間不也是一樣嗎？不同的境遇造就了不同的人。我們為什麼不能像鑽石一樣，頂住壓力，在地下多待幾年。人生，從來不會有一帆風順的事，在我們努力的同時，外界總會給我們帶來壓力，承受不住這些壓力，永遠也談不上成功。

人要懂得「該出頭時再出頭」，不要浮躁、冒失地強出頭。在土裡多待一會兒，學習穩重一點，內斂一點，謹慎一點，該出頭時再出頭，該表現時再表現，那麼將來您的價值就有可能是塊「鑽石」。太急於表現，太急於出土，慣於太早「秀」出自己不成熟的意見、表現的人，其最終的價值只不過是塊「煤炭」。

人生，要多學習穩重之功。人不穩重，未來的路也不會穩。人生的價值是「煤炭」抑或「鑽石」，關鍵在於如何面對壓力，以及以何種態度和形式表現自己。

智慧品人生

無論你遇到多大的困難，只要你堅定點燃生命之燈的信念，永不言敗，你就都能攻克難關。並不是所有的煤炭都有選擇壓力的機會，當你正承受生命的重壓時，請相信，你會變成一顆鑽石。

4．面對衝突，要做紳士

衝突在所難免，關鍵在於你用什麼樣的方式解決它。
爭吵能讓你發洩心中一時憤慨，但是卻失去了風度，更不能讓問題很好地解決。
保持冷靜，退一步，換一種方式解決，將盡顯你優雅風度。

不論是生活中，還是工作上人與人之間總會遇到摩擦與不和，這時爭吵似乎不可避免。但是，所有的爭吵都不是件很優雅的事情，不是明智之舉。當雙方吵得面紅耳赤的時候，不僅問題得不到解決，而且還會使你的形象大打折扣。這個時候不如暫且迴避一下，讓你的對手先發洩他的憤怒，「展現」他的狂躁，你再來心平氣和地和他講你的道理。優雅大方的風度一定讓你魅力倍增。

美國第二十五屆總統威廉．麥金利，就遇到過一次很無奈的爭吵。國會中有幾位議員因為對總統指派的收稅經紀人不滿意，便起來抗議。其中領頭的是一個議員，六英尺多高，脾氣很暴躁。他用憤怒的口氣罵著總統，差不多用的是一種侮辱的言詞。但是麥金利總統毫不作聲，任由他發洩怒氣，等他罵完了，然後麥金利總統很平和地說：「現在你覺得好些了嗎？」又接著說，「照你所說的這種言詞，你實在是無權知曉我何以要指派某人，不過我還是告訴你。」麥金利總統用這種很冷靜的言語，極大地諷刺了那位發怒的議員。議員的臉馬上紅了，想道歉，但是麥金利總統沒有去批評他。而是又用一副笑臉說：「不論什麼人如果不知曉事實，總是容易發狂的。」就這樣簡簡單單的一句話，麥金利總統不僅讓對方感覺自己做錯了，而又顧全了對方的面子。然後他就開始向對方解釋自己作決定的原因，告訴了他其中的事實。

麥金利總統就是以這樣冷靜的態度，諷刺巧妙地回應了這位議員的粗暴侮辱，使得這位議員對自己的言行感到很自責，同時又對麥金利總統的通情達理感到欽佩。真正的討論還沒有開始，這位議員就已經把自己推到不利的地位，不論麥金利總統的指派是否合理，這位議員也沒有什麼反駁的機會了。

自然，麥金利總統不費吹灰之力就說服了那位議員。並且通過他平息了其他議員的抗議。當這位議員回去交代他的交涉結果時，只能說：「夥伴們，我忘了總統所說的是些什麼，不過他是對的。」

大律師綽特曾經說過：打倒一個憤怒的對手，沒有比冷靜更好的辦法了。

麥金利總統通過兩次小小的退讓，不僅順利地推行了自己的決定，而且還增加了自己的威信。第一，他沒有和那位狂躁的議員爭執，作出了一個總統應有的姿態，使自己占據了有利的地位。第二，在那位議員意識到自己的錯誤之後，麥金利總統沒有乘勝追擊，繼續責備他，而是表現出善解人意的一面，保全了那位議員的面子，使得那位議員在心底對麥金利總統有了一絲的感激之情。

當你和別人發生衝突時，盡可能保持冷靜清醒的頭腦，用較為和平態度化解問題。它體現的不僅僅是你的風度，更是化干戈為玉帛的智慧，是一種和諧的相處方式。

智慧品人生

對待別人無禮的最好方式就是禮貌地回應他，當他為自己的言行感到羞愧，就是他失敗的時刻。

5．在夢想的舞臺上展翅高飛

憑藉頑強的意志，
終於在那個滿載著普通人夢想的舞臺上，展現了自己的風采。

二○○六年四月，中央電視臺選秀類節目《夢想中國》成都賽區的海選現場中，來了一位特別的選手：一個獨臂女子——張先會。她站在評委面前還有一些緊張，只唱了兩句《揮著翅膀的女孩》就不再唱了，然後小聲地說道：「我是一個殘疾人，只有一隻胳膊，但是我希望能在夢想的舞臺上展翅高飛……」

評審孫悅和伍思凱知道了她的故事後，當場就感動得流下了淚。主持人李詠對她說：「《非常6＋1》歡迎你。」

原來在這位其貌不揚的女子背後，還有一段與命運頑強抗爭的故事。

張先會四歲的時候，因為車禍失去了一隻手臂，但她一直是個不服輸的人。一九九四年她曾經代表中國，參加了在北京舉行的遠東及南太平洋地區殘疾人運動會，並榮獲了跳遠和一百米賽跑比賽的銅牌。同一年，她被評為四川省優秀青年。然而，隨著時間的流逝，張先會的母親年紀越來越大，家中沒有別的收入，生活逐漸陷入了困境。這時，張先會偶然在街頭碰上了一個收養雙胞胎姐妹的殘疾人。

出於好心，張先會提出，把雙胞胎姐妹送到自己的母親家裡照顧，由那位殘疾人出撫養費。這樣，兩個孩子就可以過上安定的生活，也能夠讀書了。而張先會則和那個殘疾人一起，走上街頭賣唱。日子就這樣一天天地過去了。之後，張先會結婚了，並且有了一個自己的孩子。

但就在此時，那個收養兩個雙胞胎姐妹的殘疾人失蹤了，兩個非親非故的孩子被留在了張先會的家裡。就這樣三個孩子的撫養責任都落到了這位獨臂媽媽身上。一家人要養活三個孩子，這對張先會來說，實在是難以負擔，唯一的辦法就是更加辛苦的工作。張先會暗暗地下決心，要把姐妹倆養活大，而且還要讓她們繼續讀書。

張先會從此更加努力地去賺錢，沒有另外一個殘疾人的相互扶持，張先會說服丈夫和她一起走上了街頭。一家人一直靠張先會唱歌的收入來維持生活，日子過得很辛苦。但張先會卻從沒有向命運妥協過，一直頑強地選擇依靠自己的力量去生活。

她說：「賣唱也是憑本事自食其力，我想用這種方式來證明自己活著的價值。」正是憑著這種不服輸的倔強，張先會以一個殘疾之軀擔負起了生活的重擔。

直到二〇〇六年《夢想中國》的全民海選開始後，張先會仍然以一顆不服輸的心報名參加了《夢想中國》的比賽。她演唱了那首《揮著翅膀的女孩》，雖然她的歌聲不是最美妙的，但卻是最感人和發自肺腑的。

二〇〇六年十月，張先會來到中央電視臺參加《非常6+1》節目的培訓。在《非常6+1》的舞臺上，憑藉頑強的意志，她終於在那個滿載著普通人夢想的舞臺上展現了自己的風采，以夢想作為羽翼展翅飛翔起來。有夢想，就有希望，張先會就是憑藉自己不服輸、不放棄的堅定毅力實現了自己小小的夢。這不失為我們的好榜樣，生活再艱苦，只要不放棄追求夢想的腳步，夢想終究會光臨。

智慧品人生

生命的精彩源於頑強，不論人生有多麼艱辛，只要頑強必定能綻放出生命的絢麗。不畏生活的艱險，是因為生命本身就很堅強。

6．苦難是成功的推手

苦難從某種角度講是一種幸運，是一種推動你前進的動力。因為它可以讓你收穫更多。

命運的多舛造就了很多成功人士的輝煌就成。曾經生活中的諸多惡運，迫使他們不得不努力改變現狀，而惡運本身則是成就他們基石。當他們踩著各種艱難險阻上路的時候，也是踩著各種堅定的信念上路的。因此，一路走來，終將收穫精彩。

美國玫琳凱化妝品公司的創始人兼董事長玫琳凱，這位化妝品業的巨頭，以她的智慧，締造了世界化妝品界的神話。她的公司，從三十八年前的九個人發展到今天的七十五萬名員工，到二十世紀九〇年代初，公司銷售額達兩億美元。然而作為一個女人，能取得如此巨大的成功，確實很不容易。

在談到她之所以能夠成功的時候，人們可以發現，生活帶給她的苦難造就了這個非凡的女人。玫琳凱是一位命運多舛的女子，在她三十歲以前，生活中的災難一個接一個地降臨到她身上。很小的時候，父親因病住院，母親為了照顧全家人的生活，從早到晚在外打工賺錢。玫琳凱七歲時，便擔當起重病中爸爸的廚師與護士工作。當時，個子矮小的她站在椅子上給爸爸做飯。做飯時，她要打二十多個電話給媽媽。在電話裡，媽媽一直用話激勵著她：「寶貝，媽媽知道你能做好，一定能！」正是媽媽這句話，讓小小的玫琳凱有了自信，即使飯做得不好，她也不沮喪，而是仍然充滿信心地迎接第二次工作。

「窮人的孩子早當家」這話說得一點沒錯，同樣是七歲的年紀，當別的小孩在父母懷裡撒嬌的時候，玫琳凱已經學會了做飯和照顧病人。更重要的是，她懂得了「世上無難事，只怕有心人」的道理。

命運好像有意栽培她。二十七歲那年，她的第一任丈夫與另一個女人私奔離家出走，把三個還很小的孩子留給了她。這時的玫琳凱，可以說是走投無路。她沒有工作，沒有一分積蓄，更沒有經濟來源。面臨重重困難，玫琳凱痛定思痛，望著眼巴巴地等待吃飯的孩子們，來自女性的母愛激發了她的鬥志，她把孩子們抱在懷中，心中有個聲音對她說：誰說我一無所有？我是一位有愛心的媽媽，我要用愛和雙手改變自己和孩子的命運。於是這個平凡而又堅強的女性強裝笑臉，走上了社會，去謀生路。

幾經奔波，她終於找到一份既能照顧家又能發展事業的直銷工作。她以足夠的信心和加倍的努力對待自己的工作，以坦誠的微笑與顧客交心。不久，她便成為經驗豐富、年薪二點五萬美元的銷售強人，並一步步走上公司的領導職位。當時，銷售部門中很少有女性在這裡任職。與此同時，在她心裡，已經開始勾勒創辦自己公司的藍圖。四十九歲時，她看到孩子們已經有了一份好工作後，就從銷售部門退休回家。

退休後的玫琳凱，籌畫起她「夢想中的公司」，這就是後來享譽全球的「玫琳凱化妝品公司」。現在，玫琳凱化妝品公司業務遍布全球三十六個國家及地區，全球擁有美容顧問七十五萬人，締造了世界化妝品界的神話。玫琳凱的故事也說明，苦難從某種角度講是一種幸運，是一種推動你前進的動力。

智慧品人生

如果說命運是不公平的，只會對一些人特別的關愛，那一定是像玫琳凱那樣經歷過多次苦難的人。命運努力地讓他們向後退，以此來激勵他們加倍努力地向前走。

7．有一天，你終將強大

面對命運的捉弄，不要灰心，

終有一天你可以戰勝它，因為你將變得刀槍不入。

你覺得世界是公平的嗎？想必很多人的答案是否定的。生活中，我們總是會遇到這樣那樣的「倒楣事情」，辛苦的努力有時候也會功虧一簣。「倒楣事情」不可避免，問題的關鍵在於我們以什麼樣的態度面對這種困難。一部分人會在這樣一個殘酷的現實面前倒下，破罐子破摔，失去進取的信心；而另外一部分人則會選擇倔強地與命運的「不公平」抗爭，直到他們勝利為止。

有一個孩子，因為家裡沒有錢供他讀書，所以在初中時就輟學回家了，幫助父親耕種三畝薄田。十九歲那年，父親又去世了，家庭的重擔全部壓在了他的肩上。他要照顧身體不好的母親，還有一位癱瘓在床的祖母。

二十世紀八〇年代，農田承包到戶，小夥子覺得機會到了，他要靠自己的智慧和勤奮來改變貧窮的命運。他把一塊水窪挖成池塘，想養魚，但鄉里的幹部告訴他，水田不能養魚，只能種莊稼，他只好又把水塘填平。這件事成了一個笑話，在別人的眼裡，他成了一個想發財但又非常愚蠢的人。

聽說養雞能賺錢，他向親戚借了五百元錢，養起了雞。但是一場無情的洪水過後，雞得了雞瘟，幾天內全部死光了。五百元對別人可能不算什麼，對一個隻靠三畝薄田生活的家庭而言，簡直是天文數字。他的母親受不了這個刺激，竟然憂鬱而死。

面對命運的不公，他並沒有失去生活的信心。後來他釀過酒，捕過魚，甚至還在石礦的懸崖上幫人打過炮眼……可都沒有賺到錢。三十五歲的時候，他還沒有娶到媳婦。即使是離異的、有孩子的女人也看不上他，因為他只有一間土屋，隨時有可能在一場大雨後倒塌。娶不上老婆的男人，在農村是沒有人看得起的。但他還想搏一搏，就四處借錢買來一輛手扶拖拉機。不料，上路不到半個月，這輛拖拉機就載著他沖入一條河裡。他斷了一條腿，成了瘸子。而那拖拉機，被人撈起來，已經支離破碎，他只能拆開它，當作廢鐵賣掉。

一個這樣不受老天眷顧，如此倒楣的人，幾乎所有的人都說他這輩子完了。但是後來他卻奇蹟般地成了一家公司的老總，手中有兩億元的資產。現在，許多人都知道他苦難的過去和富有傳奇色彩的創業經歷。很多媒體採訪過他，許多報告文學描述過他。有一次採訪給人留下的印象頗深：

記者問他：「在苦難的日子裡，你憑什麼一次又一次毫不退縮？」

他坐在寬大豪華的老闆台後面，喝完了手裡的一杯水。然後，他把玻璃杯握在手裡，反問記者：「如果我鬆手，這只杯子會怎樣？」

記者說：「摔在地上，當然會碎了。」

「那我們試試看。」他說。

他手一鬆，杯子掉到地上發出清脆的聲音，但並沒有破碎，而是完好無損。他說：「即使有十個人在場，他們都會認為這只杯子必碎無疑。但是，這只杯子不是普通的玻璃杯，而是用玻璃鋼製作的。」

命運的不公對他來講已經不算什麼，在一次次的失敗中他沒有被打倒，而是變成了一個不怕摔的「鋼玻璃杯」。見慣了大風大浪的人還會怕什麼淅淅瀝瀝的小雨嗎！面對命運的捉弄，不要灰心，終有一天你可以戰勝它，因為你將變得刀槍不入。

8.用和平的方式解決問題

真正智慧的人，

並不會以一時的威風來顯示自己的勇敢。

面對別人的挑釁，一般情況下，我們都會選擇用更甚的方式給對方以反擊，卻不去想有沒有更巧妙的方式可以解決問題。《馬太福音》中有這樣一條教義：當有人打你的右臉時，你應該把左臉也轉過來讓他打。這話聽起來有些不可思議，但是卻被很多成功人士奉為圭臬。在很多人看來，這是一種懦弱的表現，但是真正智慧的人明白並不會以一時的威風來顯示自己的勇敢。

威名赫赫的華盛頓總統年輕的時候，曾發生過這樣一件事情。

身為上校的華盛頓命令部下駐防亞歷山大市。當時正值弗吉尼亞州議會選舉議員，一個名叫威廉．佩恩的人反對華盛頓所支持的候選人。因此，華盛頓和此人之間就選舉問題展開了激烈的爭論，華盛頓說了一些冒犯的話。脾氣暴躁的佩恩火冒三丈，一拳將華盛頓打倒在地。華盛頓的部下急忙跑過來，想要教訓一下佩恩，卻被華盛頓阻止了，並被命令馬上回到營地。

第二天一早，華盛頓就派人給佩恩帶了一張便條，約他到一家小酒館見面。佩恩料想必定是兩個人之間的決鬥。於是在趕到酒館前，做了一番精心的準備。佩恩虎視眈眈地來到酒館，卻被眼前的景象嚇了一跳，等待他的不是一把手槍而是美酒。

看見他進來，華盛頓站起身來，伸出手迎接他。華盛頓說：「佩恩先生，人非聖賢，孰能無過。昨天確實是我不對，我不可以那樣說，不過你已然採取行動挽回了面子。如果你認為到此可以了結的話，請握住我的手，讓我們交個朋友。」

佩恩沒有想到縱橫沙場的華盛頓上校，居然會以這樣的方式來結束他們之間的爭吵。不禁為自己前一天的行為感到深深的自責，更被華盛頓的人格魅力深深打動。

從此以後，佩恩成了華盛頓的一個狂熱崇拜者和支持者。

當你受到別人的傷害或挑釁的時候，不要急於採取行動，退讓一步，事態將不會突然惡化。在頭腦保持冷靜的狀況下，往往才能找到最佳的解決方案。不要為逞一時的威風而損害自己的利益，或者落得兩敗俱傷的結果。

如果對方本質並不壞；或者對方並非惡意傷害你，只是由於誤會或其他原因造成了你的損失；再或者你和對方有直接的利益關係，有求於人的時候，都不如暫時採取退避的方法，以德報怨，讓對方自己感到內疚，誤會就自動化解了，從而使自己得到更多的利益。

智慧品人生

選擇以退讓的方式，來解決別人對你的傷害，不是懦弱的表現，而是一個真正智慧的人冷靜思考後的結果。簡單粗暴地解決問題只能使自己的利益蒙受損失，或者給自己帶來不必要的麻煩。

9．學會分解敵人力量

在面對強大的敵人時，
最好的方法就是掩藏自己的真實意圖，
削減敵人的戒心，逐步分化敵人的力量。

政治上的鬥爭最講究的是韜略之計。義大利著名政治思想家馬基雅維利曾有一句名言：一個君主應該具有雙重性格——獅子一樣的兇猛，狐狸一般的狡猾；而聰明的君主則知道什麼時候當獅子，什麼時候當狐狸。在面對強大的敵人時，最好的方法就是掩藏自己的真實意圖，削減敵人的戒心，逐步分化敵人的力量。

順治七年十二月，即西元一六五〇年，紫禁城中。孝莊皇太后接過一份急報，不由面現喜色，繼而又開始了沉思。攝政王多爾袞在喀喇城獵所去世了。

因為多爾袞掌權多達七年之久，他的大權終於可以歸還皇室了，當借此機會迅速讓順治帝親政，掌握大清統治權。然而，孝莊皇太后清楚地知道，多爾袞攝政期間已網羅了一批以正白、鑲白旗為骨幹的大臣，這對年僅十四歲的順治帝來說是個很大的威脅。而其中最當提防的，是英親王阿濟格。阿濟格是多爾袞的同母兄弟，城府很深，還長孝莊皇太后十歲。皇太極在位時，曾盡力瓦解多爾袞與阿濟格、多鐸三兄弟的關係，使多爾袞一向對阿濟格深加防範。但孝莊也得到密報，稱多爾袞在臨死前曾摒棄前嫌，召阿濟格到床前密談後事，內容外人一概莫知。

隨即，她命人密切注視阿濟格的行動。其後又發現，阿濟格不斷遊說諸王，勸說他們迅速擁立一個攝政王，還密令兒子多爾博調兵到獵所，欲謀求攝政王地位的野心已顯露無遺。形勢驟然緊迫起來。

孝莊皇太后認為，讓順治帝親政眼下已是刻不容緩。而若要讓順治順利掌權，就必須得設法分化瓦解多爾袞的兩白旗集團；而分化這一集團的關鍵，就在於阿濟格。一旦挫敗阿濟格，兩白旗集團群龍無首，即可進行各個擊破。

如何行動呢？孝莊思慮再三，決定以退為進，以追悼多爾袞作為爭取兩白旗大臣的手段，從而孤立阿濟格。於是，事實上統治了清王朝七年之久的睿親王多爾袞就此被推上了神壇。

在多爾袞去世的消息抵京並擴散開來後，孝莊立即讓順治發布全體臣民易服舉喪的詔令；多爾袞的靈車回京，按照孝莊的籌畫，順治與眾大臣身著縞素前去迎柩，進行哭祭；第二日下達多爾袞「合依帝禮」的詔令，說多爾袞當「太宗文皇帝（皇太極）升遐之時，諸王大臣擁戴皇父攝政王，堅持推讓，扶立朕躬，又平定中原，統一天下，至德豐功，千古無兩」，給了他極高的讚譽；幾天後對多爾袞的追尊達到了頂峰——追尊攝政王為成宗義皇帝，繼而又下詔將其牌位立於太廟，享受皇帝的殊榮。

這種種舉措隨即消除了兩白旗大臣的疑慮。他們立即拒絕了阿濟格的拉攏，還將阿濟格的種種陰謀活動向朝廷彙報。兩白旗集團的骨幹額克親、羅什、博爾惠等人則在護送攝政王靈柩回京途中，一舉將心懷叵測的阿濟格父子抓下，解至京中。隨後，在議政王大臣會議上，阿濟格被判處籍沒家產，終身幽禁。

就這樣，順治親政的最大威脅阿濟格，就此被清除了。龍首既失，兩白旗集團再難成氣候，被孝莊皇太后各個擊破，或被處死，或遭革職，頃刻間潰不成軍，順治的障礙終於被掃除。

阿濟格固然閱歷豐富，但他遇到了一位更具謀略的對手——孝莊。在刻不容緩的形勢下，孝莊冷靜地審視全局，把握脈絡，經過認真的分析，沒有採取正面出擊的方式，而是採取了暫且退讓的策略掃清了障礙。她的對手並不僅是阿濟格，而是整個兩白旗集團。倘若直接打擊阿濟格，覆巢之下難有完卵，為自身利益考慮，兩白旗集團會全體連成一氣，生出同仇敵愾之心。那時，必然會成兩敗俱傷之局，縱穩操勝券，也非上上之選。而人心可用，兩白旗集團中人仍多持觀望態度，若能將這部分人先拉攏過來，使置於前臺的阿濟格孤立，將之分化瓦解，再分而擊之，則能取得最理想的效果。於是，在尊崇多爾袞的措施的麻痹下，阿濟格被孤立出來，從而被孝莊皇太后兵不血刃地清除了，最後保證了全局的勝利。

智慧品人生

一隻像狐狸一樣狡猾的獅子，是不會追著獵物狂奔的，而是藏起來伺機突襲。以退為進、欲擒故縱，隱藏自己的意圖，消除敵人的戒備，在迂迴中前進，才是韜略之計，才是英雄所為。

10．蘑菇管理法

經受「蘑菇管理」可以讓你更瞭解現實，適應現實，它能讓每一個初出茅廬的年輕人，在社會這個大環境中快速成長。

很多初入職場的人，都會有一種由於現實與理想差距而導致的心理落差，覺得自己沒有被重視，很多才華沒有得到發揮。然而工作並不是一個人的表演，而是一個有機的整體，每個人只是這個團隊中的一員。這個團隊不可能給你提供展示全部能力的舞臺，你所需要做的只是對團隊有利的事情，而不是炫耀自己。

在現代管理術上有一種叫做「蘑菇管理」的管理方法，是許多組織對待初出茅廬者的一種管理方法。初學者常被置於陰暗的角落（不受重視的部門或打雜跑腿的工作），澆上一頭大糞（無端的批評、指責、代人受過），任其自生自滅（得不到必要的指導和提攜）。相信很多人都有這樣一段「蘑菇」的經歷，但這不一定是什麼壞事，尤其是當一切都剛剛開始的時候，當上幾天「蘑菇」，能夠消除我們很多不切實際的幻想，讓我們更加接近現實，看問題也更加實際。

一個剛剛大學畢業的年輕人來到一家外資企業上班。他的工作有點像秘書，但大家都叫他「助理」。從大學裡的一個學生幹部到做別人的「助理」，他心裡很難受，突然感覺自己已不再重要了。特別是公司裡的老張、小李等人動不動就喚他去打雜時，巨大的心理落差讓他很惱火，覺得很沒尊嚴，自己又不是奴才，憑什麼被他人指揮著幹這個又做那個。

他總是覺得自己的工作就是這些「一地雞毛」。剛進公司時，王經理也事先對他這麼說過，但一涉及具體事情，他的情緒就有點失控。有時咬牙切齒地做完某事，還要笑容可掬地向有關人員彙報說：「我做好了！」有幾次還與同事爭吵起來。從此以後，他的日子更不好過了，孤傲的他逐漸被孤立起來。

這天，經理點名叫他到他辦公室去整理一下辦公桌，並為他煮一杯咖啡。

他硬著頭皮去了，經理一眼就看出他的不滿，便一針見血地指出：「你覺得很委屈是不是？你有才華，這點我信，但你必須從起頭做起！」

他心裡一驚：「他竟知道我的心！」他笑了笑，表示感謝。經理叫他先坐下來，聊聊近況。可沒有椅子呀！他總不能與經理並排坐在雙人沙發上吧？經理到底在開什麼玩笑？

這時，王經理意有所指地說：「心懷不滿的人，永遠找不到一把舒適的椅子。」難得見到他如此親切慈祥的面孔，那個年輕人放鬆了許多，心想：原來，他不像一個「剝削者」，更像自己的一個合作夥伴，只不過，他是長輩，我需要尊重他。

手腳忙亂地弄好一杯咖啡後，他開始整理經理的桌子，其中有一盆黃沙，細細的，柔柔的，泛著一種陽光般的色澤。他覺得奇怪，這幹什麼用呢？

王經理似乎看出他的心思，伸手抓了一把沙，握拳，黃沙從指縫間滑落，很美！他神秘一笑：「小羅，你以為只有你心情不好，有脾氣？其實，我跟你一樣，但我已學會控制情緒，工作中總會有不如意的事情，不是任何事情都會順你的意。你做的事情越多，不如意的事情就越多，而經歷的打擊多了，才更有韌勁，看問題才能更切合實際……」

原來，那一盆沙，是用來消氣的，是經理一位研究心理學的朋友送的。一旦他想發火，就可以抓抓沙子，它會舒緩一個人緊張激動的情緒。朋友的這盆禮物，已伴他從青年走向中年，也教他從一個魯莽少年打工仔，成長為一名穩重、老練、理性的管理者。

無論你是多麼優秀的人才，在剛開始的時候都只能從最簡單的事情做起，「蘑菇」的經歷對於成長中的年輕人，就像蠶繭，是羽化前必須經歷的一步。所以，如何高效率地走過生命中的這一段，從中盡可能吸取經驗，成熟起來，並樹立良好的、值得信賴的個人形象，是每個剛步入社會的年輕人必須面對的課題。當我們處於「蘑菇萌發期」的時候，一定不要對自己失去信心，相信自己會變成一個誘人的蘑菇，而不是隨著一堆落葉被腐蝕掉。

智慧品人生

蘑菇管理不失為一個管理初入職場的年輕人的好辦法，只有經歷過被忽視的階段才能以一個平和的心態去面對以後的工作和生活。人的性格完善是需要一個過程的，光有鼓勵是不夠的，坦然面對工作上的「壓迫」，才能遊刃有餘地處理各種事情。

11．面對失敗，也要感恩

不僅僅只有成功的事情才能作為我們的財富，

失敗給我們的啟示可能遠遠超過成功的啟迪。

有經歷，不代表有經驗，很多人在自己的工作崗位上做了一輩子，也沒有什麼進步，仍然停留在機械地重複的水準上。如果說世界上最寶貴的財富是經驗，那麼就有很多常常入寶山而空手回歸的人。不僅僅只有成功的事情才能作為我們的財富，失敗給我們的啟示可能遠遠超過成功的啟迪。

史蒂文斯失業了，一切來得那麼突然，讓他猝不及防。一個程式師，在軟體公司做了八年，他一直以為將在這裡做到退休，然後拿著優厚的退休金頤養天年。然而，這一年，公司卻突然倒閉。

史蒂文斯的第三個兒子剛剛出生，他在享受為人父的幸福的同時也意識到，重新工作迫在眉睫。作為丈夫和父親，自己存在的最大意義，就是讓妻子和孩子們生活得更幸福。

他開始從零開始，每天的工作就是找工作。一個月過去了，他沒找到工作。除了編寫程式，他一無所長。

終於，他在報上看到一家軟體公司要招聘程式師，待遇不錯。史蒂文斯帶著資料，滿懷希望地趕到公司。應聘的人數超乎想像，很明顯，競爭將會異常激烈。經過簡單交談，公司通知他一個星期後參加筆試。

憑著過人的專業知識，史蒂文斯輕鬆地通過了筆試。沒過幾天，公司通知他來參加面試。他對自己八年的工作經驗無比自信，堅信面試不會有太大的麻煩。然而，出乎他意料的是，考官並沒有問他具體的技術問題，而是問他關於軟體業未來的發展方向。關於這些問題，史蒂文斯從未認真思考過。他只好結結巴巴地說了一些自己的看法，面試官皺著眉頭聽完了陳述，顯然，史蒂文斯的回答並不能讓他滿意。不用說，這次面試以失敗告終。

從公司走出來，史蒂文斯想起了家中的妻兒，心裡十分難過。但是，從職業角度看，他覺得這家公司對軟體業的理解令人耳目一新。雖然應聘失敗，可他感覺收穫不小。於是，史蒂文斯覺得有必要給公司寫封信，以表感謝之情。回到家，他提起筆寫道：「貴公司花費人力、物力，為我提供了筆試、面試的機會。雖然落聘，但通過應聘使我大長見識，獲益匪淺。感謝你們為之付出的勞動，謝謝！」第二天，他把信放進了郵筒，又踏上了求職之路。

這是一封與眾不同的信，落聘的人沒有不滿，毫無怨言，竟然還給公司寫來感謝信，真是聞所未聞。這封信被層層上遞，最後送到總裁的辦公室。總裁看了信後，一言不發，把它鎖進抽屜。

三個月後，新年來臨，史蒂文斯帶著一身的疲倦從人才市場回到家，突然發現桌子上有一張精美的新年賀卡，上面寫著：「尊敬的史蒂文斯先生，如果您願意，請和我們共度新年。」賀卡是他上次應聘的公司寄來的。原來，公司出現空缺職位，而他們想到了史蒂文斯——那個面試失敗還給公司寫感謝信的人。

這家公司就是後來聞名遐邇的微軟公司。十幾年後，憑著出色的業績，史蒂文斯一直做到了副總裁的位置。

在生活中，我們會遇到或大或小的失敗，有的人因此抱怨上天的不公。其實，失敗是上天送給我們的一份特殊的禮物，只有聰明的人才能發現其中隱藏著成功的玄機。所以，請以感恩的心態面對失敗，感謝它讓你成熟，感謝它讓你變得堅強。當你學會用感恩的心態面對失敗時，你會發現，失敗有很多我們不曾發現的深意。

智慧品人生

做事目標明確是件好事，但是目標明確不等於鼠目寸光。當我們面對一時的失敗，不要急於哀嘆自己的不幸，或者抱怨懷才不遇。靜下心來，細細想想你會發現，失敗才是我們人生寶貴的財富。

12．看清前路再前進

當你為了目標而拚命付出的時候，
為什麼不試著給自己留一條退路，
說不定它能讓你更好地遠行。

生活中，我們經常會堅持不懈地做一件事，但是一味地堅持不懈可能會讓一個人付出生命的代價。為什麼不試著給自己留一條退路，說不定它能讓你更好地遠行。如果一意孤行，非但前進不了，反而欲退不能，或者為時已晚。

從前，有師兄弟二人欲穿越一片沙漠到另一個城鎮去。當他們出發後不久，師兄發現前方的沙漠上空布滿了烏雲，於是就對師弟說：「看來會起風，我們還是先沿路折回，改天再擇個好天氣出發吧！」師弟卻不以然，說：「我們在前進的路上不能退縮，我看還應該繼續前行啊！」於是師兄弟二人便產生了分歧，師兄見天氣不見好轉，勸說無效，就獨自退了回去；師弟則固執己見，選擇繼續前進。

師兄回來後不久，沙漠上空果然狂風大作，沙塵被刮得滿天飛。師弟頓時感到情勢不妙，料想不可再向前進，於是掉頭折回。可是還沒走出多遠，沙塵就像海浪一樣一層一層地捲過來，將他埋沒了，再也沒有出來。

幾天以後，天空放晴，萬里無雲。師兄背起行囊，重新開始了他的沙漠之行。經過幾天的跋涉，終於到達了目的地。雖然一路上艱難險阻，但是無風無雨，甚是順利。

其實，生活就這樣，太多堅持的思想自小就灌輸進我們大腦裡。「只要工夫深，鐵杵磨成針」的信念讓我們往往盲目地前進，從不考慮堅持是否可以前進，甚至讓我們覺得退步，停一下腳就是懦弱的行為。於是，很多人就像那位師弟一樣一頭栽進沙漠，卻永遠也不能退回來。

許多人也許會想：如果天空的烏雲只是一個老天開的玩笑，一會兒便放晴，或者說沒有狂風大作，那時我們甚至可以取笑師兄懦弱無能，膽小如鼠，而誇讚師弟大智大勇。師兄做事謹慎，在遇到危險處境時坐觀並非是懦弱的表現，恰恰是敬小慎微的良好做事風格。更何況老天並不是開玩笑，他是在向世人暗示，告誡我們要懂得如何拿捏堅持不懈與以退為進的分寸。

智慧品人生

以退為進，是人生處世的最高哲理。人生追求的是圓滿自在，如果是只知前進不懂後退的人生，那麼它的世界只有一半。因此，懂得「以退為進」的哲理，可以將我們的人生提升到擁有整個世界。

13.「退一步」的智慧

氣勢磅礴大智大勇的退，可以扭轉乾坤；
小巧騰挪穿插縱橫的退，可以改變命運。

退是一種精神，一種「道」，一種在博弈場上的砝碼，即使用它來衡量一個人的心志也不失為一種好方法。人們常說「退一步海闊天空」，終究是有它現實意義的。氣勢磅礴大智大勇的退，可以扭轉乾坤；小巧騰挪穿插縱橫的退，可以改變命運。急流勇退、退避三舍、佯退實進等都是「退」中有形化的境界。選擇「退」是一種策略，更需要勇氣和智慧。

春秋時期，楚國攻打晉國。晉國當時的君王晉文公雖然憂心忡忡，但行事卻十分謹慎。他看到楚軍來勢洶湧，又顧忌到自己當年出逃至楚國時，深受楚國的優待，直接交戰則名不正言不順，不合道義，於是下令讓晉軍「退避三舍」。在當時，以每天行軍三十里為一舍，退避三舍就意謂著後退九十里。如此一來，晉軍將士自然憤懣不已。晉國大臣狐偃就順勢讓人向軍士們廣為宣傳，說這是文公為了報答楚王的恩惠，實現之前文公落難之時對幫助他的楚王所許下的諾言。而實際上，此舉乃激將之法，意在鼓動晉軍士氣，樹立文公的威望。而從軍事學角度看，晉軍的後退是在使楚軍疲憊，避其鋒芒。因此，晉文公「退避三舍」以退為進的策略，實在是一箭雙雕的高明戰術。楚軍以為晉軍後退是懼戰的懦弱表現，一直追到城濮才駐紮下來。而當時的晉軍早已有了秦、齊兩個軍事大國的扶助，可以說是有備無患，又加之巧妙靈活的戰術運用，先誘敵深入，再分別擊垮實力較弱的左右兩翼，迫使其中軍大將逃離戰場，進而取得了勝利。這就是歷史上著名的「城濮之戰」。從此晉國在我國歷史上留下以少勝多的戰術佳話。

水無常形，兵無常勢，許許多多「以退為進」的事例告訴我們，因「退」而成功者居多。一個企業、一個團體、一個人往往因為「退」而獲得更多的機會，其天地自寬。

當然，「退」既是一門哲學，也是一門藝術。有人說，既然「進」是我們的目的，「退」是我們的手段，那麼就不擇手段好了。這樣做肯定不可取。有的人做事，往往有極端傾向，要麼不退，要麼就全身而退，不分青紅皂白，結果該把握的沒有把握住，浪費了許多大好機會，更有甚者會弄巧成拙，豈不貽笑大方？

所以，在我們變化多端難以預料的生活旅途上，一旦碰到較大起伏而又苦於找不到合適出路的時候，就應該採取「以退為進」的策略，因為這種實用的「彈性手段」不僅可以讓你擺脫困境，更能為你的成就錦上添花，當然還要考慮到「以退為進」的恰當方法，時刻不銘記長遠大計，因為所有的「戰略性撤退」都是為將來更大的發展作鋪墊。

智慧品人生

商場如戰場，處於不利地位時，不宜貿然行動。佯退實進，變不利為有利，才是成大事之道。一味地冒進只是一名愚勇的猛將，運籌帷幄、謹慎行事才是王者之道。

14．「變」則通，通則明

變即不變的道理。
世界上，無論什麼事，總是會以某種形式變化的。
根本不存在既定不變的規則和標準。

有人認為，生活就是接受一個又一個的挑戰，有的人在挑戰中激烈地爭逐，並感受到了勝利的快感。所以，這些人認為面對挑戰，拚個你死我活才是英雄的風格；而有些人卻有著自己的想法，他們認為到達勝利的路有多條，並相信：「條條大路通羅馬」的箴言。

有這樣一個故事：在美國政府選舉一位議員時，最後剩下A、B兩個候選人要進行一次演講來一決勝負，並由此決定誰是下一任的新議員。當A先生上去滔滔不絕地發表自己的長篇大論時，B先生坐在觀眾席上卻顯得十分安然，面帶微笑地聽著A先生的精彩演講。演講完畢後，B先生對A先生的精彩表現報以熱烈的掌聲，並第一個帶頭站起來，號召觀眾們為A先生鼓掌。

輪到B先生上場了，他鎮定地走上演講台，面對觀眾，表情從容。他對全場的所有觀眾只簡單地說了一句話，這句話說得既簡單又樸實，「我為我們國家有A先生這樣出色的政治家而感到自豪！我會努力以他為榜樣。」話音落時，全場頓時鴉雀無聲，很快，全場響起了一片雷鳴般的掌聲。

最後，B先生登上了議員的寶座。

B先生面對激烈的競爭，並沒有對準矛頭，迎面而上，而是巧妙地避開了。這樣避開並不是膽子或面子的問題，而是技巧。B先生的巧妙迴避鋒芒，不得不讓人稱快。如此巧妙，比起針鋒相對，更會讓人感覺到一種無形的力量。迴避從某種意義上說是一種退，這種巧妙的退，顯得比迎面而擊更有力量。

智慧品人生

有時，退的巧妙運用無疑又是一種人格的提升、生命的昇華。因為退，代表著謙讓、和善。因此，我們不但要贏，更要贏得漂亮，贏得有風度。柔能克剛，退亦能進。

15．大局著眼，小處著手

一個能從小處著眼，做事務實的人，
更容易贏得別人的信任和取得成功的機會。

每個人在找工作的時候，都要面臨一個推銷自己的問題。很多剛剛走出大學校門的人，花大心思去做自己的簡歷，甚至不惜重金聘請專業人士「製作」，偽造假的工作證明。這些對於釋出職缺的公司，只能看得雲裡霧裡，不知所云。在標榜自己的時候，吹得天花亂墜，反而會讓別人對你的為人和品質產生懷疑。不如從小處著眼，做一個務實的人，讓別人覺得你是值得相信的，這樣才能贏得更多的機會。

倫敦的一條街上住著三個裁縫。一天，其中一個裁縫掛出一塊招牌，上面寫著：「倫敦最佳裁縫店」。

另一個裁縫見了，也在當天亮出一塊招牌，上面寫著：「英國最佳裁縫店」。

第三個裁縫想了幾天，終於也掛出一塊招牌，上面寫著：「本街最佳裁縫店」。

而事情最後的結果是，前面兩家裁縫店的生意變得冷清許多，而最後那家「本街最佳裁縫店」，卻獲得了人們的歡迎。由此看來，這位裁縫不僅沒有將自己「貶值」，但他更為接近事實和現實的招牌卻恰恰是光顧這條街的人們最需要的。

從經營上來講，前面兩位裁縫如此標榜自己本無可厚非，但他們卻忘記了最為重要的那部分——務實精神。「務實精神」在經營者的手中是把利器，而要想將這把利器發揮得淋漓盡致，則更需深刻領悟「以退為進」的處世哲學。

一個人若想擁有某件東西或達到某個目標，表面上不能表現得太「露骨」，要儘量表現自己對此事的「漠不關心」甚至刻意「貶低身價」，而實則暗中緊緊關注並施之以正確手段，這不同於「見縫插針」，而是一種「精準的敏銳」。

孔子學說被後世稱為「入世」，老子學說則被稱為「出世」。「入世」可以理解為一種「進」，相反「出世」則是「退」。而在孔子被尊稱為聖人之前，也並非一帆風順。當孔子周遊列國遊說其學說之時，嘔心瀝血卻經常碰得灰頭土臉，用孔子自己的話說就是「惶惶若喪家之犬」，足可見其困苦而不得志的鬱悶。後來孔子拜求老子，老子曰：「子所言者，其人與骨皆已朽，獨其言在耳。且君子得其時則駕，不得其時則蓬累而行。吾聞之，良賈深藏若虛，君子盛德，容貌若愚。去子之驕氣與淫志，是皆無益於子之身。吾所以告子者，若是而已。」老子的意思就是：人易走，勢難去，正是因為此人深藏鋒芒，內斂並蓄，他的想法行為才定會被人所敬仰並效仿。而如果用一個字來表達，便是「退」。此時崇尚「進」的孔子則稱老子為聖人的大師，足可見這種見解的分量。前有「入世」，後有「出世」，方可進退自如，渾然自得，豈不將人生經營得「何其美哉」？

人生在世總要進取，無論是龐大的社會工廠還是服務其中的渺小個人，都要面對每天層出不窮的欲望。既然欲望是人的本能，推動了歷史的前進，那麼選擇哪一種調節方式，則是每個人都要面對的問題。然而，正是由於人與人之間在素質、客觀條件、機遇等方面不盡相同，才造成了立世時各種各樣的困擾。面對困擾，有的人選擇了「進」，固然正確，可如果沒有掌握好度與量，結果可能就成了「不見棺材不落淚」，碰壁不前，舉步維艱。這時，何不選擇「退」呢？「退」，即使不會得到什麼也足以自保，說不定還會「置之死地而後生」。

智慧品人生

無論是如何邁出走向社會的第一步，面對人生的出世與入世，都要注意一個進退的選擇。做人做事不可太急功近利，在整體的進取中，不妨有一點中庸的後退，阻力會減小不少。聰明人應該懂得如何利用「退」的智慧。

第四章 以退為進是一種更勝一籌的策略

不要把「退」視為一種單向思維，
「退」的實質是「進」，
「退」不是懦弱，
更不是膚淺的一味苦苦相讓，
而是一種將目的、
策略推向成功的有效方式。

1．獎你四塊糖

在對別人進行教育的時候不能過於強硬，循循善誘，才能收到好的效果。

在教育心理學上有這樣一個理論：在對別人進行教育的時候不能過於強硬，循循善誘，才能收到好的效果。不論我們做什麼工作，經常需要面對一些情況，比如說服他人，給別人提出建議。什麼樣的方式比較好呢？下面一則故事告訴我們遇到這種情況該怎麼辦。

陶行知先生是二十世紀著名的人民教育家，他和魯迅一樣，是深受人民愛戴的教育改造家，是改革教育的旗手。他創造了適合中國國情的「生活教育理論體系」，其中內容包括「生活即教育」、「社會即學校」、「教學做合一」。與別人不同的是，他的教育方式常常反其道而行。

當年陶行知先生任育才學校的校長。一天，他看到一名男生用磚頭砸同學，遂將其制止，並責令他到校長室等候。

男孩站在校長室門口，心裡惴惴不安。他深知陶校長平時和藹，但遇到有違原則之事則是非常嚴厲的。想著想著，男孩扭著衣角的手已滲滿了汗。他咬了咬嘴唇，心想畢竟自己是事出有因，如果陶先生責備，就大聲把事實說出來，讓他評判。

陶先生回到辦公室，見男生已在等候。陶先生掏出一塊糖遞給他：「這是獎勵你的，因為你比我準時到了。」男孩愣住了，猶豫著該不該去接那塊糖。還未等作出反應，陶校長又掏出一塊糖給他：「這也是獎勵給你的，我不讓你打同學，你立即住手了，這說明你很尊重我。」男生本能地伸出手，半信半疑地接過糖果，他還完全不明白發生了什麼。陶先生又說：「據瞭解，你打同學是因為他欺負女生，說明你有正義感。」陶先生遂掏出第三塊糖給他。這時男生恍然大悟，禁不住哭了：「校長，我錯了，同學再不對，我也不能採取這種方式。」男生明白了，陶先生不是遲到，而是去瞭解事情的始末了。而且，陶先生從來沒有打算冤枉他。他淚眼婆娑地看見陶先生和藹的面孔揚起一絲微笑。這讓他羞愧地低垂下了頭，狠抹了幾下眼淚。

陶先生又拿出第四塊糖說：「你已認錯，再獎你一塊，我們的談話也該結束了。」

就這樣，陶行知先生巧妙地用了四塊糖，讓一名犯了錯誤的孩子意識到了自己的錯誤。以退為進，循序漸進地對那個男生進行規勸，使得他不只是表面上屈服於老師的責備，承認自己的錯誤，更是從根本上認識到了自己的錯誤，這種教育方式很好地達到了教育的目的。

智慧品人生

批評不能直言不諱。就像魚入網，魚只知道一股勁地逆江水而上，碰到漁網也不後退，繼續遊，這樣一來，網就越收越緊，直到最後被網套得牢牢地不能脫身。適時而退、以退為進，從反方向入手，常常可以收到令人滿意的結果。

2・將目光鎖定在現在

能夠從別人的困局中跳出來，是一種了不起的本事，
但是跳出之後，能夠走出一條屬於自己的道路來更了不起。

對我們來說，最重要的東西不是「得不到」和「已失去」，而是現在擁有。不要整日幻想「如果我有什麼多好」，而是要思考「現在我正擁有什麼」。與其幻想一些不實際的東西，不如好好計畫一下現在擁有的事物應該如何安排。

一位老和尚，身邊聚著一幫虔誠的弟子。這一天，他囑咐弟子每人去南山打一擔柴回來。弟子們便匆匆行走，當行至離山不遠的河邊時，人人目瞪口呆，只見洪水從山上奔瀉而下，無論如何也休想渡河打柴了。無功而返，弟子們都有些垂頭喪氣。唯獨一個小和尚與師父坦然相對。師父問其故，小和尚從懷中掏出一個蘋果，遞給師父說：「過不了河，打不了柴，我也沒有辦法。不過我看見河邊有棵蘋果樹，就順手把樹上唯一的一個蘋果摘來了。」後來，這位小和尚成了師父的衣缽傳人。

世上有走不完的路，也有過不了的河。過不了的河掉頭而回，也是一種智慧。但真正的智慧是還要在河邊做些可以做的事情：放飛思想的風箏，摘下一個「蘋果」。飽覽古今，抱定這樣一種生活信念的人，最終都實現了人生的突圍和超越。人之所以痛苦，在於捨棄了身邊已有的東西去追求一些遙不可及的夢。

能夠跳出困局，是一種了不起的本領；但是跳出之後，還能走出一條自己的路才是最了不起的。能做到這點，我們必須有的一個條件則是逆向思維，以退為進。看清眼前的形勢，開闊自己的思維，才能走出自己的路，做真正的主宰者，主宰自己的事業，主宰自己的人生。

金融專業的研究生林童，畢業之後來到一家證券公司當一名基金研究員。但是不知道怎麼回事，部門主管總是看他不順眼。比如邀請大家下班後到家吃火鍋，總是落下他。林童給自己打氣的方式是，去「阿杜」吃港式高級火鍋，比主管和同事們還享受！主管要給他難堪，哪知他更得意！而主管分配給他的基金，老是冷門商品，很難有業績上的表現，他也不生氣，總是兢兢業業去完成。

後來他離開了那家證券公司，到了一家公司的行銷企劃部工作。企劃部的工作，他做起來如魚得水、遊刃有餘，不久便被提升為部門經理。而談到他在證券公司的工作時，他總是說：「還好他那樣對我，讓我得到了歷練，否則我現在只能作研究分析，真的謝謝他的造就。」

生活就是這樣，換個角度，你就是贏家。人的胸襟有多大，成就就有多大，知難而退並不是一件壞事，爭一時不如爭千秋。更何況，你怎麼知道上天的布局不是要讓你扛起更大的責任呢？忍一時之氣，反倒處處是出路，別把精神能量虛擲在不值得的人身上。

智慧品人生

知難而退是一種智慧，而後退的同時找到另外一條路，更是一種難能可貴的智慧。關鍵在於無論是退是進，都要善於找到適合自己通向彼岸的路。

3．藏器於身，待時而動

如果處在這種既被猜疑而又遭受忌恨的惡劣環境中，絕對不可鋒芒畢露地刻意表現出自己的才華和節操。

在權力角逐的中，任何時候都不能掉以輕心。即使你一直潔身自好，沒有什麼過失，也很難避免權力的爭鬥。因為有才德而又能淡泊明志的人，也有可能會遭受到那些熱衷於名利的人的懷疑；一個言行謹慎而處處檢點的真君子，難免會遭受邪惡之徒的嫉恨。所以，如果處在這種既被猜疑而又遭受忌恨的惡劣環境中，固然不可以改變自己的操守和志向，但也絕對不可鋒芒畢露地刻意表現出自己的才華和節操。

漢武帝時，丞相公孫弘年輕時家貧，後來位居丞相依然不改艱苦樸素的作風，生活上一直保持節儉，每餐只吃一道葷菜，睡覺依然蓋著普通的棉被。因此大臣汲黯向漢武帝參奏公孫弘，說他位列三公有豐厚的俸祿，卻依然每餐只吃一個葷菜，蓋最普通的棉被，實際上是沽名釣譽，為了騙取樸素廉明的美譽。

漢武帝便問公孫弘：「汲黯所說的都是真的嗎？」公孫弘沒有忙著為自己辯解，而是回答道：「汲黯所說的一點沒錯。滿朝大臣中，他與我交情最好，也最瞭解我。今天他當著眾人的面指責我，正是切中了我的要害。我位列三公而只蓋棉被，生活水準和普通百姓一樣，確實是故意裝得清廉以沽名釣譽。如果不是汲黯忠心耿耿，陛下怎麼會聽到對我的這種批評呢？」

就這樣，公孫弘和汲黯兩個人的形象就鮮明地擺在漢武帝面前了，一個人來給清廉的人告狀，說他沽名釣譽；一個人直言不諱自己的做法，而且還誇讚對方忠誠。誰忠誰賢，已經很明瞭，不需要再進行辯解。公孫弘的這一招很厲害，不僅保全了自己，而且也使得汲黯的形象在漢武帝的眼中大打了折扣。本來在這場較量中，公孫弘是屬於防守的一方，但是他沒有正面地去保護自己，而是以退為進地承認自己的錯誤，實際上無形中已經將汲黯推向了嫉賢妒能的境地。這不僅攻擊了對手，而且無懈可擊。

在防範別人的時候，合理的退讓能起到事半功倍的效果，在展示自己才華的時候也不應該急於求成。對於自己的才華，有時候是需要拿捏的，要運用一點賣弄的技巧，才能得到適當的待遇。

智慧品人生

中庸之道是永恆的真理。面對別人的攻擊，不要急於為自己辯解，應先承認自己的所謂過錯，再委婉地證明自己的清白。施展才華的時候也不必鋒芒畢露，找好機會，才能更好地嶄露頭角。掌握好以退為進的本領才能永遠不被打倒。

4．欲速則不達

全力以赴，用最大的代價去爭取，
有時並非明智之舉，
棄而求次說不定更容易得到。

一名優秀的管理者總是求賢若渴的，但是廣納賢才也是一件很有學問的事情，有時候還需要一點迂迴婉轉的智慧。

西元前六五五年，秦穆公派公子縶到晉國代自己去求婚。晉獻公把大女兒許配給秦穆公，還送了一些奴僕作為陪嫁，其中包括虞國的亡國大夫百里奚。

百里奚很有才能。晉獻公本想重用他，但百里奚卻寧死不從。這次，有個大臣對晉獻公說：「百里奚不願做官，就讓他做個陪嫁的奴僕吧。」於是晉獻公決定把他作為陪嫁的奴隸送給秦穆公。

公子縶帶著百里奚等回秦國時，從道上百里奚卻偷偷逃走了。

秦穆公和晉獻公的大女兒結婚後，在陪嫁奴僕的名單中發現少了百里奚，就追問公子縶。公子縶說：「一個奴僕逃走了，沒什麼了不起。」朝中有個從晉國投奔過來的武士叫公孫枝，把百里奚介紹了一番，認為他是個了不起的賢才。於是，秦穆公一心想找到百里奚。

再說百里奚慌亂中逃到了楚國的邊境線上，被楚兵當做奸細抓了起來。百里奚說：「我是虞國人，有錢人家看牛的，國家滅亡了，只好出來逃難。」

楚兵見這個六、七十歲的老頭子一副老實相，不像個奸細，就把他留下來看牛。他還是有一套牧牛的本領，把牛養得都很肥壯，大家給他送了個雅號——「放牛大王」。楚國的君主楚成王知道後，就叫他到南海去牧馬。

後來秦穆公總算打聽到百里奚的下落，就備了一份厚禮，想派人去請求楚成王把百里奚送到秦國來。公孫枝說：「這可萬萬使不得。楚國讓百里奚看馬，是因為不知他是個賢能之士。如果您用這麼貴重的禮物去換他回來，不就等於告訴楚王，你想重用百里奚嗎？那楚王還肯放他走嗎？」秦穆公問：「那你說怎樣弄他回來？」公孫枝答道：「應該按照現在一般奴僕的價錢，花五張羊皮把他贖回來。」

一位使者奉命去見楚王，說：「我們有個奴隸叫百里奚，他犯了法，躲到貴國來了，請讓我們把他贖回去辦罪。」說著獻上五張黑色的上等羊皮。楚成王想都沒想，就命人把百里奚裝上囚車，讓秦國使者帶回去了。

百里奚拜見秦穆公後，秦穆公想請他當相國。百里奚推薦了自己的朋友賽叔和賽叔的兒子西乞術、白乙丙。秦穆公拜賽叔為右相，拜百里奚為左相。沒多久，百里奚的兒子也投奔到秦國來，被秦穆公拜為將軍。此後，這些難得的賢士為秦國嘔心瀝血，殫精竭慮，秦國的勢力與日俱增。

秦國以五張羊皮卻換來五位賢人的事，從此成為千古佳話。

商業銷售或者談判中也有這種心理的較量，越是想得到的東西越不能顯示出自己想要的意圖，通過展開斡旋才能獲得更好的收益。

智慧品人生

全力以赴未必能得到圓滿的結果，做事情的時候，不要急於付出最大的努力，欲速則不達，有時更需要我們運用大腦的智慧，轉個小彎兒，才能得到最佳效果。

5．功成身退，天之道也

適時隱退，不僅是為自己找退路，
更是人生新境界的開拓。

《老子》中講：「功成身退，天之道也」。很多時候人們就是不能明白這個道理，執迷於功名利祿，不肯放棄一些東西，這種人往往失去的將更多。縱觀歷史長河，我們會找到很多這方面的正反例證。尤其是為人臣子者，所在的位置就決定了他們只是統治者利用的工具。中國有句古話：「狡兔死，走狗烹；飛鳥盡，良弓藏」。敵國破，謀臣自然也就沒有用了，而且越是足智多謀的謀士存在身邊，對於統治者更是一種威脅。不能主動退出的人，還能有什麼好的下場嗎？

就以人們所熟知的李斯為例，他憑藉過人的才華，為秦始皇定出吞併六國統一天下的大計，並付諸行動，幫助秦國在短短的十年時間裡就結束了春秋戰國時期的分裂狀況，建立了我國第一個統一的中央集權國家。秦國建立後，李斯被封為丞相，又通過建議以郡縣制代替分封制、統一文字、主持修建棧道等手段幫助秦國鞏固了統一的局面。

西元前二一〇年，秦始皇死後，李斯為保全自己的既得利益，附和趙高偽造遺詔，立少子胡亥為帝。趙高篡權後又施展陰謀，誣陷李斯「謀反」，將其腰斬於市，並夷滅三族。在臨刑前，李斯對他的兒子講：「吾欲若複牽黃犬，逐狡兔，豈可得乎？」一直到臨死前，李斯才終於明白了自己的錯誤，想重新過起貧民的生活，但是後悔太晚，已經是不可能的事了。

在治國方略上，李斯是個很厲害的政治家，但是他在自己生活路途選擇上，犯了一個巨大的錯誤，不僅自己丟掉了性命，而且還連累三族。

在這方面，范蠡就比李斯要聰明得多。

范蠡追隨越王勾踐二十多年，苦其心志，運籌謀劃，終於幫助勾踐滅了吳國。勾踐稱霸諸侯後，范蠡也被封為將軍。但范蠡深知勾踐為人，只可同患難，不可共安樂，於是急流勇退，攜妻將子，揚帆過海，秘密離開了越國。范蠡輾轉到了齊國，改名換姓，自稱為鴟夷子皮，在海邊定居下來。從此，率子整治家業，開發經營。

范蠡記得還是在會稽山上曾與另一位謀臣計然共事，計然說：「要打仗就要備戰，備戰就要與貨物打交道。只有知道貨物的生產季節和社會需求關係，才算是知道貨物。季節和需求關係能夠明確，則天下所有貨物的供需行情，就能夠看得清楚了。」計然給勾踐出過不少計謀，使戰敗的越國很快富了起來。

范蠡從中得到啟示：「計然的策略共有七項，越國只用了五項就能如願以償。他的策略對於治國行之有效，如果用於治家，我想必有收益。」范蠡依計而行，果然，沒多久，便積累了數十萬財產，富甲齊國。齊國人看他賢能，又善於理財，便請他出來為卿相。范蠡喟然長嘆：「在家能積聚千金，外出能官至卿相，對於普通人這是再高興不過的事了，但長久地享受這些尊榮和名聲並不吉利啊！」於是，他又辭了卿相，把大部分財產分給親朋好友和鄰里鄉黨，只隨身藏著些珍貴的珠寶，秘密離開齊國，到達宋國的都城陶。范蠡看到陶位於天下的中心，與諸侯各國四通八達，來往貨物都在此交易，認為此地經營很容易致富，便在陶定居下來，自稱陶朱公。從此，父子刻苦節儉，親自耕種畜牧，兼營商業。由於他們對商品的囤積或脫手，善於看準行情、把握時機，在販進賣出之中，獲取了豐厚的利潤，沒幾年，就積累了上億的家產，成為天下都知道的陶朱公了。

做人就應該像范蠡一樣，看清自己的位置，做出正確的抉擇。昔時和他一同輔佐勾踐的文種就不懂得功成而身退的道理，結果自刎。退與不退的不同選擇造成了范蠡和文種截然不同的兩種結局。人始終應該記得《老子》那句「功成身退」，適時的引退，不僅是為自己找退路，更是人生新境界的起點。

智慧品人生

功成身退，是多少人以血的代價為我們總結出的經驗教訓。千萬不能迷戀於功名利祿，被其所累。該退時則退，才能保全自己，為自己開拓新的人生路作準備。

6．生活也是一場談判

進是一種目的，而退就是進的方法和技巧。
以退為進，退則是進。

談判桌上的唇槍舌劍背後，實質是雙方利益需求的較量，是一場談判雙方的心理對抗。能夠坐在談判桌的雙方一定都有自己的利益需求。談判的關鍵則在於瞭解對方的利益需求，深入分析對方的形勢，這樣才能確定戰略安排，在談判中獲得更大利益。

以退出來要脅對手來達到目的是常用的一種方法，但是有些人卻不太敢用這種方法，害怕生意會談不成。其實如果情況可以，採用這種方法不失為很不錯的方法。一定不要忘了你的對手肯和你坐在談判桌上談，是因為對你有利益需求，不是來施捨你的，一定不能把自己的地位放得太低。

美國一家航空公司想要建造一個航站樓，對為他們供電的電力公司提出優惠電價的要求，遭到電力公司的拒絕，談判一度陷入僵局，看似很難再進行下去。航空公司通過分析雙方的形勢以及對方的利益需求，明確電力公司談判的目的在於獲得最大的利潤，但是如果航空公司不找這家電力公司提供電力，電力公司將一點利益也不能獲得。

於是航空公司假裝要退出談判，並聲稱自己要建發電廠。電力公司眼見一筆到手的大生意就要泡湯，只好主動找航空公司商談，並答應給與優惠的電價。航空公司則憑藉此時自己的優勢地位，把價格一壓再壓。

以退為進是一種很好的談判方法，但是退與進的時機與方式是很難把握的。龍永圖說過，人最容易說出的就是「不」，最簡單最野蠻的方式就是「拒絕」，而龍永圖本人是最不願意說不，最不願意的就是斷然拒絕。但是有的時候，談判中拒絕只是一種假象，實質上是為了打破談判的僵局，為自己在談判中贏得優勢，以獲得最大利潤。任何時候，退只是一種方法和技巧，進才是最終目的。以退為進的道理理解容易，但是實際操作起來是存在一定難度的。

美國前總統羅斯福在開鑿巴拿馬運河這件事上，就為我們樹立了以退為進的好榜樣。巴拿馬運河最初並不是由美國開鑿的。十九世紀末，法國一家公司跟哥倫比亞政府簽訂了一份協定——在巴拿馬境內開鑿一條通往大西洋與太平洋的運河。由於對巴拿馬的地形不夠瞭解，工程進度十分緩慢，資金也開始短缺，公司陷入了窘境，只得把專案轉手。他們把目光投向了美國，因為美國一直想開鑿一條連通大西洋和太平洋的運河。在這種情形下，法國公司的代理人布里略訪問了美國，提出以一億美元的價格出售巴拿馬運河公司。面對這麼好的機會，美國人沒有急於簽訂合同，而是故作姿態，以壓低價格。時任美國總統的羅斯福指使美國海峽運河委員會提出報告，證明在尼加拉瓜開鑿運河更省錢。因為在尼加拉瓜開鑿運河費用不到兩億美元，而巴拿馬運河的開鑿費用雖然只有一億美元，但加上另外要支付收購法國公司的費用後，全部支出達二點五億美元。從支出費用上來看，當然是在尼加拉瓜開鑿運河更划算。

布里略看到這份報告後相當震驚，沒想到美國有在尼加拉瓜開鑿運河的想法，如果那樣，法國將一分錢也收不回來。於是主動提出削價出售，只要四千萬美元就可以了。

這樣羅斯福又故技重施，指使國會通過一個法案，規定美國政府如果不能在規定時間內與哥倫比亞政府達成協議，就不在巴拿馬開鑿運河，而轉向尼加拉瓜。

這樣一來，談判還沒開始，美方就掌握了絕對的優勢，哥倫比亞政府不得不主動找到美國國務卿海約翰，簽訂了協定，同意以一百萬美元的價碼長期租給美國運河兩岸各寬三公里的「運河區」，美國每年需要另付十萬美元的租金。

羅斯福就這樣運用以退為進的謀略，輕而易舉地獲取了巴拿馬運河的開鑿和使用權。有的時候，也許在談判中我們並不屬於有優勢的一方，但是只要善於謀略，瞭解對方的利益要求，也能巧妙地運用以退為進的方法。

智慧品人生

很多時候，我們不是真的坐在談判桌旁，但實質上這也是一種談判。這時我們不需要急於與對方達成共識，一定要沉得住氣。巧妙地運用以退為進，才能取得優勢的地位，獲得更大的利益。

7．給別人留個缺口

留個缺口給他人，並不說明自己的能力不強。
實際上，這是一種管理的智慧，
是一種更高層次的全局性的圓滿。

管理學上有這樣一個小故事：

一個人去買鸚鵡，看到一隻鸚鵡前的標牌上寫道：此鸚鵡會兩門語言，售價二百元。另一隻鸚鵡的標牌則是：此鸚鵡會四門語言，售價四百元。該買哪隻呢？兩隻都毛色光鮮，非常靈活可愛。這人一直猶豫不決，拿不定主意。結果突然發現一隻老掉了牙的鸚鵡，毛色暗淡散亂，標價八百元。這人趕緊將老闆叫來問道：「這隻鸚鵡是不是會說八門語言？」店主說：「不。」這人奇怪地問：「那為什麼又老又醜，又沒有能力的這隻鸚鵡會值這個價格呢？」店主回答：「因為另外兩隻鸚鵡叫這隻鸚鵡老闆。」

這故事告訴我們，真正的領導人，不一定自己能力有多強，只要懂信任，懂放權，就能團結比自己更強的力量，從而提升自己的身價。相反許多能力非常強的人卻因為過於追求完美，事必躬親，覺得什麼人都不如自己，最後只能做最好的公關人員、銷售代表，成不了優秀的領導人。

雖是一個小小的笑話，卻意味深長，讓人不禁想到什麼是管理？怎樣才是一個好的管理者？一個知名的管理學教授曾經說過，現在有一個很普遍的現象：大公司裡的老總往往只是一個具有大學本科學歷的人，而他公司裡的員工則很多具有碩士學歷，甚至還有的是博士學歷。為什麼呢？因為一個好的管理者不等於一個研發的專家，也不需要太高的專業技能，只需瞭解一般的基本知識就夠用了。一個管理者真正需要的技能是如何調動起員工的潛能，讓員工的能力最大限度地發揮。

一位著名企業家在作報告，一位聽眾問：「你在事業上取得了巨大的成功，請問，對你來說，最重要的是什麼？」

企業家沒有直接回答，他拿起粉筆在黑板上畫了一個圈，但並沒有畫圓滿，而是留下一個缺口。他反問道：「這是什麼？」

「零」、「圈」、「未完成的事業」、「成功」，台下的聽眾七嘴八舌地答道。

他對這些回答未置可否：「其實，這只是一個未畫完整的句號。你們問我為什麼會取得輝煌的業績，道理很簡單：我不會把事情做得很圓滿，就像畫個句號，一定要留個缺口，讓我的下屬去填滿它。」

留個缺口給他人是一種管理的智慧，是一種更高層次的全局性的圓滿。事必躬親的人不能成為一個好的領導，調動別人的積極性也不是一件容易的事情，要講究方式方法，留點事情給別人做，才能讓你領導下的員工充分感覺到自己存在的價值，從而調動起他們的工作潛力。

智慧品人生

管理是門藝術。管理者成功的關鍵不在於自己能力的展示，而在於如何調動起其他人的積極性，並將其凝聚在一起。調動起別人的積極性的最好方法是使員工感覺到自己工作的價值，適當地給你的員工多一些表現的機會。

8．古董花瓶的障礙

在夫妻的生活中最重要的是退讓，
懂得退讓的家庭，才能過得和和美美。

有人說，世界上最不講理的地方就是家裡，即使你在職場上能夠呼風喚雨，也有可能對家庭夫妻關係的處理無可奈何。其實在夫妻的生活中最重要的是寬容退讓，夫妻天天在一起，意見難免有分歧，沒有相互之間的寬容，沒有理解，捨不得讓步是很難相處融洽的。懂得退讓的家庭，才能過得和和美美。

一對恩愛的夫妻得到妻子的姨母的饋贈，那是一個維多利亞女王時代的名貴花瓶，據說是「亨利九世」的遺物。在丈夫的眼裡，這個花瓶看來平凡不過，可是妻子卻一口咬定那是她的傳家之寶。

他覺得那東西的顏色刺眼極了，但她卻說這樣才夠鮮豔好看。別的暫且不論，問題是那花瓶實在是太大了。妻子堅持要把它擺在最顯眼的地方，由於任何一個角落都放不下，結果只得把它放在客廳的正中央——一張大而矮的咖啡桌上面。

夫妻倆的和睦生活被打破了。那恐怖的東西似乎把屋子裡的其他一切都掩蓋掉了，更影響了夫妻間的關係。每天晚飯後都要為那花瓶而大吵一頓。

丈夫是一個有頭腦的人。他是一家公司的經理，手下有無數員工，每天都要決定很多事情。在商場上他是曉得發號施令、獎勵推銷、評估市場的，顯得八面玲瓏，但是對家裡這種情況卻是一籌莫展了。因此他決定暫施緩兵之計，然後再謀對策。他把關於花瓶擺放的情形推敲了一番之後，終於心生一計。

一天晚上他回到家裡，提議要把客廳的布置重新改換一下。「噢，不，不，不可這樣！」妻子馬上說，「你的詭計我全都知道，我絕不會把花瓶挪開的！那是我們的傳家之寶，想買都買不到……」她連珠炮似地一直說下去。丈夫的態度卻出乎她意料：「好吧，親愛的，我讓步。就把花瓶留在原來的位置上好了，我們改換四周的擺設吧！」

妻子頗喜歡把傢俱搬過來搬過去的。兩人都覺得這是一件好玩的事。

這對夫妻都非常熱愛家庭，把家裡布置得很漂亮。彼此之間的感情也非常好。

他們最快樂的時光就是吃過晚飯後兩人坐在一起看書、聊天，有時手拉著手，有時則不做聲，享受片刻寧謐，有時則彼此分享白天所遇的大大小小的事。

丈夫故意把他自己的靠椅和妻子所坐的沙發椅擺成正面對放，而中間就隔著那個大花瓶。

妻子常常喜歡一邊看書一邊問：「親愛的，你有沒有看過關於……」現在她必須要伸長脖子看看他是不是在聽著。而他呢？也把脖子伸得長長的，表示他正在仔細傾聽呢！

有時他們其中一個會走到對方那兒，去拉拉對方的手。曾經有好幾次，由於手上正拿著報紙或其他緣故，妻子的寶貝古董差點給砸破了。幾個星期後的一天，丈夫回到家裡，發現花瓶已經被移到飯廳地板上的一個角落去了，夫妻倆的生活又重歸平靜。

聰明的丈夫通過婉轉的方式，讓妻子感受到了那個所謂的「古董花瓶」給他們生活帶來的不便。妻子也是適可而止，明白他們夫妻間存在的問題，意識到了自己的錯誤，並及時做出退讓，最終得以讓夫妻間的關係又重回到了以前的幸福時光。

智慧品人生

這真是一位聰明又通情達理的丈夫，既照顧到妻子的心情，又更正了她不太合適的做法。夫妻間有時也需要以退來尋求解決問題的方法，這樣既不破壞感情還可以讓生活更加愉悅融洽。在婚姻生活裡，也許今天做個讓步，明天你便能如願以償呢！

9．善戰者，亦守亦能攻

善戰者，熟練於防守和進攻雙層戰略。

亦守，亦攻，靈活地採用迂迴戰略方能取勝。

《孫子兵法》云：昔之善戰者，先為不可勝，以待敵之可勝。不可勝在己，可勝在敵。故善戰者，能為不可勝，不能使敵必可勝。故曰，勝可知，而不可為。

這段話是說，善於作戰的人，先要做到不被敵人戰勝，然後等待時機戰勝敵人。不被敵人戰勝的主動權操縱在自己手中，能否戰勝敵人則在於敵人是否有隙可乘。所以，善於作戰的人，能夠做到自己不被敵人戰勝，但不能絕對保證自己一定會戰勝敵人。所以說，勝利可以預知，但並不能強求。

我們來看蒙牛起家的案例。當初蒙牛老總牛根生拿出三百多萬元在呼和浩特進行廣告宣傳，在當時這是一筆大錢，目的是讓呼和浩特的大街小巷在一夜之間冒出「蒙牛」的燈箱廣告。但沒過幾天，四十多個燈箱廣告又在一夜之間被人毀壞。明眼人一想就知道是誰做的，但是牛根生並沒有將問題嚴重化。因為當時，蒙牛乳製品市場站穩腳跟。蒙牛市場啟動資金畢竟只有一千三百多萬元，在伊利、草原興發這兩個資本大鱷面前顯得非常弱小。從競爭層面看，若興發和伊利聯手幹掉蒙牛，是完全可能的。即使伊利只跺跺腳，蒙牛也可能東倒西歪，事實上已經出現過蒙牛的奶車被攔截的事情。牛根生知道此時採取以退為進策略，保存實力最重要。他開始幫別人打廣告，在冰淇淋的包裝上，打出：「為民族工業爭氣，向伊利學習」；有的看板上寫著「千里草原騰起伊利、興發、蒙牛乳業」。蒙牛為伊利和興發免費做廣告，實際上也是為自己做廣告，巧妙地將自己和伊利、興發這兩大公司方在同一水準之上，即防止了兩敗俱傷，又提升了自己的知名度和競爭實力。別人對他們的善意行為又怎能忍心去「扼殺」呢？

一份報紙上也刊登了這樣一個很值得借鑒、思考的故事：一個大城市的繁華地段，不僅是成熟商業區，還是客流量最大的地段之一。而在這繁華之地卻有一座三層高的破舊樓房，立在那裡非常醒目，也很不協調。有一天主人在這個樓房的門口上貼了一則招租啟事：欲將這幢樓整棟出租，年租金四十萬，租金一次交清。而有位王先生路過此處看到了這一啟事，他清楚地知道在這繁華地段擁有一個店面，就意謂著擁有了一棵搖錢樹。但他又被那昂貴的租金、苛刻的付款方式困住了。此時，他很想把它租下來，但他只有八萬元，只是年租金的五分之一。一般人想到此就會退縮了，而他卻通過努力實現了自己的願望，還大大賺了一筆。

王先生很有頭腦，是一個經歷十分豐富又敢於冒險的人。此時他想到了一個富翁致富的故事：這個富翁以前是靠賣芝麻糕發家的，他把一塊錢一斤的糖與一塊多錢一斤的芝麻合起來製成芝麻糕，以四塊多錢一斤的價格賣出去，每賣一斤芝麻糕他就能賺幾倍於成本的錢。最後，他就是靠一斤一斤的賣芝麻糕的方式發財。這個故事對王先生很有啟發，他決定模仿一下這個富翁的發財方法冒險一試。

他找到房主，好說歹說，說服了房主給他六十天的期限，先把五萬元錢交給房主作為訂金，並與房主簽訂協定，協定規定：六十天內，他把除了訂金外剩餘的年租金交齊，若六十天拿不出租金，房主沒收訂金，房子另租他人。他知道這樣會有很大的風險，但是他對自己有信心，因為他有一套方案：

租房協議簽訂後，他馬上來到一家裝修公司，又與其簽訂了一項協定，即裝修公司在二十五天內按他的設計思路把房子裝修一新，他先付少量訂金，六十天後，付清全部裝修費。

接著，他憑著租房協定和裝修協定，與八家商場簽訂了賒銷協議，又以賒賬的方式購置了地毯、桌椅、廚房用具、卡拉OK設備等，其價值和裝修費用共達六十萬元。裝修後的樓房，已變得富麗堂皇，非常美觀，是個中檔飯店。

與此同時，他四處張貼招租廣告，在不到二十天的時間，已有十多位有意者前來洽談。最終，他以一百四十萬的價格轉租出去。這樣，在短短的四十五天，他就通過自己做的「芝麻糕」方案，淨賺三十多萬元。他的冒險計畫成功了。他先接受了房東高價位的租金，然後巧妙採取措施，尋找新的突破口，應對這一筆數目不小的租金。他的聰明才智讓人敬佩。

其實，人生本該如此，當你遇到困難或者阻礙你前行的障礙物時，就應該學會多手準備，攻、守、防等各種迂迴戰術並用，才能贏得一場勝利。

10．低起點，高跳板

往低處走並不意謂著委曲求全、窩窩囊囊，
而是一種力量的積蓄，一種能力的磨煉。
起點定得低一些，將是你走向更高地方的最佳跳板。

俗話說，人往高處走，水往低處流。但是，「上山容易下山難」也同樣是許多人的思維定式。對於職場的求職者來說也是如此，似乎成了大家無法逾越的心理障礙。大學畢業要是做專科生的工作，就覺得自己委屈了；上一份工作月薪是三萬元，下一份工作就絕對不能低於三萬元。於是，找來找去，挑挑揀揀，總也沒有適合自己的。長此以往，不僅好工作沒找著，連個起碼養活自己的工作都沒著落了。曾經有一位大學生畢業後考研究所兩年都沒考上，然後找工作找了半年也沒找到合適的工作，於是乾脆不找了，打算接著考研究所。這樣躲避就業的人現實中大有人在。

所以，在此建議那些正在努力尋找工作的朋友們：不妨先往低處走走。當然，往低處走並不意謂著委曲求全、屈就自己，而是一種力量的積蓄，一種能力的磨煉。這或許會成為你走向更好的一塊跳板。

一位崗前培訓班的老師把時下大學生求職進行了一個形象的分類：一類為「低頭求職」，另一類為「仰頭求職」。老師講，「低頭求職」比較容易找到工作，「仰頭求職」很難找到工作。

「低頭」和「仰頭」，是老師打的一個形象的比喻，實質上代表了不同求職者的不同心態。其實，這個比喻正點到了時下大學生求職的要害之處。眼睛向下看，「低著頭」求職，一時不求高攀，鍛煉到了一定時候再往上走，這樣找工作，工作自然好找，而且有上升空間。反之，眼睛向上看，「仰著頭」求職，就是高眼光向上求職，一般的工作看不上，這樣找工作，自然就很難找到合適的了。

這個形象的比喻也給我們以啟迪：大學生應該以什麼樣的心態去求職才容易成功。當前，人才市場供大於求，用人單位無不想花最少的錢，找到最好的人才。作為求職者，要想找到工作，最有效的辦法就是「低著頭」求職，一旦進去，發現你是人才，公司才會重點培養。

我們每個人都希望找一份理想的工作，並且能一舉成功、一步到位，而非一波三折或南轅北轍。但是，現實很難盡如人意。求職時，可能會面對許多挫折，好不容易找到一家肯「收留」的單位，而提供的職位卻「專業不相符」，或者不合你心意，還有可能在工作條件、工作環境方面有諸多令你不滿意的地方。所有這些都是可能發生的。當你遇到這些狀況時，怎麼辦？是灰心喪氣，還是自強不息？是聽天由命，還是勇往直前？路在腳下，你的命運就在你自己手中。

以下有個例子，明輝從某重點大學人力資源專業本科畢業後，謀到一份滿意的工作——在一家知名國有金融企業的地區總部人力資源部當職員。專業相符，薪水較高，明輝十分滿意。他工作賣力，逐漸獲得了同事和上級的認可。為此，他還很開心地為自己做起了職業規劃：專員、主辦、主管、經理，在自己的專業領域不斷向上。

不久，總部為加強市場銷售力量，決定抽調部分員工充實基層一線，明輝也被列入「下基層」名單。一時間，明輝沒了方向，他壓根沒想過做銷售，覺得這工作不是他的理想職業。自己設想的人力資源經理職業發展規劃將被打亂，明輝有點慌張了。

考慮再三，他決定先做做再說。到基層單位後不久，明輝就承擔起了重任，擔任一個銷售團隊的負責人。很快，他善於溝通的能力贏得了銷售團隊的信任，工作局面也漸漸打開。整個團隊不僅完成了銷售任務，還成了公司上下學習的榜樣，明輝感到很受鼓舞。

之後的明輝，不再像剛來時那樣患得患失，他對自己的職業發展規劃有了更全面的認識，不僅僅只盯著人力資源經理的方向，他發現自己的路越來越寬了。幾年過去了，明輝受到公司高層關注，成為中層幹部後備人選，公司已經開始幫助他制訂更有針對性的職業規劃了。

「低頭」和「仰頭」，反映的是兩種不同的求職思路，也導致兩種不同結果。

其實，職業規劃是單位和個人雙方的事。一個負責任的單位，要發現和培養有潛力的新人，為他們做好職業生涯規劃。對於職場新人，一旦認準了這家單位，就要學會把個人目標放在企業目標的大座標下考慮，不斷調整個人的職業規劃，以謀求個人的最大發展空間。

智慧品人生

常言道：思路決定出路。「低頭」求職，以退為進，有利於求職成功。求職時遇到彎路，豈能因此歇步。只要奮勇向前，光明必然永駐。

11．順水行舟，不與逆流相較量

「當我計算的問題使我陷入困境的時候，我會考慮將解題步驟回溯，直到我認為在某一步驟我的理由充分時，我便在這個基礎上繼續前進。」

我們很多人都有一種危機感，因為這是一個資訊飛快交換、商品經濟高度發展的年代，我們在擁有更多機遇的同時也正面臨更多的挑戰。在適者生存的自然法則下，要想安逸地生存下來，一味蠻幹是行不通的。

暴風雨中，那些看似柔弱的小草能存活下來，因為它們學會了屈就；而那些一味頑強抵抗的大樹，則大多折斷了腰，因為條件不允許他們變通。乘風破浪者，我們會覺得他是勇者，但犧牲太大，甚而有生命危險；而那些順水行舟，懂得「以退為進」的人，保存了實力，以圖再進，才是真正的難能可貴！

面對湍急的逆流，是選擇乘風破浪、與逆流較量到底，還是選擇以退為進、待從頭收拾舊山河呢？乘風破浪以對逆流，勢必險阻繁多、步履維艱，在逆流中忍受風浪，也很可能是原地踏步。如果一不小心遭遇惡浪，弄得舟毀人亡，最終費力事不成，只能空嘆息，豈不是得不償失、因進反退！所以，逆水行舟，不要因「不進則退」而懊惱，「以退為進」才是處世之道。

在生活中，有些人是很自負、很自傲的，有時候正是這種高傲讓他們不會選擇退讓，因而總是屢屢吃虧。萬事萬物有其自然的流向，如果我們過分專注於想要的東西，有時會因功利性太強，得而復失。就像有人找老公，一輩子都渴望一位白馬王子的出現，達不到要求誓不出嫁，結果盼到三四十歲還是孤身一人，寂寞淒涼，其實是自己給自己設下的障礙。有時放低點要求和企望，不那麼苛刻和追求完美，或許，愛和幸福就在身邊。因此，低調些更讓人覺得是寬容，讓人覺得尊敬。

生活就是這樣，當你確實很賣力、很用心在維護和做某些事情的時候，往往會被忽略和漠視，更有可能達不到目標；當你與世無爭，默默地去做時，不知不覺中就可能達到了目標，別人反而覺得你情操高尚，有涵養有追求。

愛因斯坦是舉世聞名的科學巨匠，取得了二十世紀最偉大的科學成就。但是，他年輕時也曾有為求職而苦惱和奔波的經歷，可給我們做為借鏡。

一九〇〇年，愛因斯坦從瑞士聯邦工業大學畢業。他一封又一封地向外發出求職信，渴望謀求一個大學助教的職位。然而，他卻一次又一次地失望。最後，他甚至不挑不揀了，隨便幹什麼都行，只要能維持生活，可是依然到處碰壁。

在幾乎絕望的時候，老同學馬塞爾．格羅斯曼給愛因斯坦帶來了好消息。馬塞爾的父親認識伯爾尼專利局的人，願意推薦愛因斯坦擔任一個即將設立的新專利審查員的職務。

喜出望外的愛因斯坦匆匆趕往伯爾尼。在那裡，他一邊打零工，當家庭教師，一邊等通知信。過了好長一段時間，愛因斯坦才得以在專利局上班。新專利局審查員的工作並非愛因斯坦理想的工作，但是，為了生存，他接受了這個現實。愛因斯坦每天快捷地處理完手頭的事情，還能省出大量空餘時間，用來思考自己鍾情的物理問題。他分秒必爭、如饑似渴，不時地在廢紙片上塗寫著各種複雜的物理公式。當上司走過來時，愛因斯坦立刻機敏地裝著在做那些早已做完的工作。上司滿意地微笑著走開，他又忘我地遨遊於神秘的物理王國。

一九〇五年，愛因斯坦在德國物理學年鑒上發表了五篇論文。其中三篇都是劃時代的科學成就。關於光電效應的論文使愛因斯坦在一九二一年獲得諾貝爾物理學獎，「論動體的電動力學」則提出了相對論學，開創了物理學的新紀元。

誰能想到，這些輝煌的成果竟出自伯爾尼專利局一個默默無聞的小辦事員之手。直到一九〇八年十月，愛因斯坦才終於在母校瑞士聯邦工業大學得到一個編外助教的職位。次年，成為副教授，有了一個「正規」的名分。直到這時，愛因斯坦在求職的道路上總算有了理想的歸宿。一九一二年，愛因斯坦被聘為教授。一年後，他擔任了新成立的威廉皇帝物理所所長和柏林大學教授。

消極於事無補，如果把精力集中在行為上，放在你可以做成的事上，反而會加強行為的力量。據說著名的數學家華羅庚曾經對身邊的人講述其攻克難題的方法：「當我計算的問題使我陷入困境的時候，我會考慮將解題步驟回溯，直到我認為在某一步驟我的理由充分時，我便在這個基礎上繼續前進。」

在人生的路上，我們會碰到很多問題，有很多事情不知道從哪一件開始著手，這時候，通常需要我們改變一些方法。既然一次不能做所有的事，那麼你就每次處理其中一個，並且是最拿手最有把握的那個。還有的時候，你和對手各自的需要不

12．捨小利才能逐大利

商人經商的目的是為了賺錢，
但並不是只關注眼前的利益，更不是唯利是圖。
而是需要更長久的、更有遠見的目標。

有很多人，一生忙忙碌碌，卻只能守著自己的有限資產默默度日，一輩子都在算計著自己的那些蠅頭小利，卻不能成為一個富翁。為什麼會這樣呢？關鍵在於他們抗拒不了這些蠅頭小利的誘惑。真正能在生意場上創造巨大財富的人，絕不會貪圖一時的小利。

被《富比士》雜誌列為中國富豪榜第五十八位的正泰集團老總南存輝在創業之初，和幾個朋友湊錢在一個小破屋裡，建起了一個作坊式的求精開關廠。當時溫州正處於低檔壓電器的創業大潮中，因為產品的銷路很好，所以根本沒有人注重品質。而南存輝卻堅持精益求精，不貪圖眼前的一時小利。因為南存輝知道，做生意不是賺一時的小利，更要注重長遠的發展，否則只能是窮途末路。

據南存輝自己講，父親因傷臥床在家，十三歲他就子承父業，做了一名修鞋匠。年紀小小的他，只能憑藉手腳快一點，品質好一點來贏得更多的固定客源。有一次，他在修鞋的時候，不小心把錐子紮進手指裡，頓時鮮血滲了出來，他用紙把手指簡單地包紮了一下，不顧疼痛，繼續為顧客修鞋。憑藉始終堅持品質原則和為顧客著想的精神，他的修鞋生意日漸興盛。

在總結事業成功的經驗時，南存輝說，品質好才能留得住顧客。任何時候，都不能賺黑心錢。正是憑藉這樣的戰略眼光，一個只有初中文化水準的人，登上了富比士富豪榜。商人經商的目的是為了賺錢，但是不代表唯利是圖，不是只追求眼前的利益，而是有更長遠的目標。有的時候，不僅僅是商業上的成敗問題，更是一個人的人生意義問題。

美國亨氏食品公司總經理亨利·霍金士先生，無意中在化學鑒定的報告單上發現，在食品生產時，為了起到保鮮作用，一個極為重要的添加劑居然有毒，儘管毒性不大，但是如果長期食用，對人體還是有很大的危害。

要不要公布這一消息成了擺在亨利·霍金士先生面前的一大難題。如果悄悄地取消這種添加劑的使用，就會影響到食品的鮮度。如果繼續使用這種添加劑，還可以把自己的生意做下去，但是對於商品的消費者來講，就會因為長期的食用這種有毒的添加劑而對身體產生不良影響，危害人體的健康。倘若將這一消息公布於眾，則會引起同行們的強烈反對。

通過深思熟慮，霍金士先生毅然決然地向社會公布了這一消息。然而形勢比霍金士先生原本想的還要糟。所有從事食品加工業的企業，聯合起來使用一切手段，報復霍金士的行為。他們雇人在電視、廣播等各種媒介上，撰寫文章，發表演說，指責霍金士先生危言聳聽，目的在於通過壓低別人抬高自己的企業。不僅如此，眾多的食品加工企業，聯合起來開展廉價大傾銷，共同抵制亨氏食品公司的產品。亨氏食品公司，不得不通過降低產量，裁減員工等手段來繼續維持公司的運行。

這場「戰爭」持續了四年之久，亨氏食品公司被擠到了瀕臨破產的邊緣。但是亨利·霍金士先生，一直沒有後悔自己的抉擇。如果食品加工企業不採取新的方法來保持食品的鮮度，只能將整個食品加工業推上絕路。

霍金士先生始終堅信自己是對的，一定會有轉機的。果不其然，他的舉措得到了美國政府的認可，並得到了資金的支援。亨氏食品公司終於研發出不用有毒害的添加劑的方法來保持食品的鮮度。這四年的堅持，不僅使亨氏得到了政府的支持，也使得亨氏成了美國家喻戶曉的放心品牌。亨氏公司的產品也成為市場上的熱銷貨。在極短時間內，公司不僅恢復了元氣，而且規模還擴大了兩倍。亨氏也逐漸成為美國食品加工業的龍頭企業，長久穩居同類商品銷售榜首。

作為一個成功的商人，不僅僅要有投資的智慧，更應該有抗拒金錢誘惑的能力，始終保持高端的戰略眼光，不被一時的小利蒙蔽住自己的眼睛。我們必須清楚地看到抉擇的方向決定抉擇的成效，不要一味地追求眼前的利益而犧牲大局。該捨得的時候，就應該放下，做大事，必定要有所捨棄。

智慧品人生

作為商人最直接的目的，就是追求利潤，但並不是唯利是圖。一個成功的商人應該時刻保持戰略家的卓識遠見。在一定的時候，不得不捨棄眼前的利益，應該果斷地做出抉擇。

13．鷹立如眠，虎行似病

學會用以退為進的方法來掩藏自己的真實意圖，可以使達到目的的過程變得更簡單。

《菜根譚》講：鷹立如眠，虎行似病，正是它攫人噬人的手段處。故君子要聰明不露，才華不逞，才有肩鴻任鉅的力量。意思是說，老鷹站在那裡像睡著了，老虎走路時像有病的樣子，這就是它們準備捉人吃人前的手段。所以一個真正具有才德的君子要做到不炫耀，不顯露才華，如此才有培養出肩負重大使命的力量。「鷹立如眠，虎行似病」不單單講的是用麻痹敵人的辦法來取得成功，更是一種做事的態度。做任何事都不能急於求成。學會用以退為進的方法來掩藏自己的真實意圖，可以使通往成功的過程變得更簡單。

有一次，一家公司派來一位新的經理，據說是個能人，專門被派來整頓業務。可是日子一天天過去，新經理卻毫無作為，每天彬彬有禮進辦公室，便躲在裡面難得出門。那些本來緊張得要死的壞分子，現在反而更猖獗了。「他哪裡是個能人嘛！根本是個老好人，比以前的經理更容易唬！」

四個月過去，就在大家為新經理的所作所為感到失望的時候，新經理卻發威了——壞分子一律開除，能人則獲得晉升。下手之快，斷事之準，與四個月表現保守的他，簡直像是全然換了個人。

年終聚餐時，新經理在酒過三巡之後致詞：

「相信大家對我新到任期間的表現，和後來的大刀闊斧，一定感到不解，現在聽我說個故事，各位就明白了。我有位朋友，買了棟帶著大院的房子，他一搬進去，就將那院子全面整頓，雜草樹一律清除，改種自己新買的花卉。某日原先的屋主來訪，進門大吃一驚地問：『那最名貴的牡丹哪裡去了？』我這位朋友才發現，他竟然把牡丹當雜草給鏟了。後來他又買了一棟房子，雖然院子更是雜亂，但他卻按兵不動，果然冬天以為是雜樹的植物，春天裡開了繁花；春天以為是野草的，夏天裡成了錦簇；半年都沒有動靜的小樹，秋天居然紅了葉。直到暮秋，他才真正認清哪些是無用的植物，大力剷除，並使所有珍貴的草木得以保存。」

說到這兒，經理舉起杯來：

「讓我敬在座的每一位，因為如果這辦公室是個花園，你們就都是其間的珍木，珍木不可能一年到頭開花結果，只有經過長期的觀察才認得出啊！」

就這樣，這位新來的經理，先給人一種裝作什麼也看不見的感覺，慢慢地讓手下的這些人暴露最真實的一面。如果一開始，這位經理就擺出一幅嚴厲的面孔，那麼大家就會都表現得很好了，再等那些人暴露出真實的一面恐怕就沒那麼容易了。

智慧品人生

不要以為兇猛的野獸就一直都是張牙舞爪的，只有懂得偽裝自己的野獸才是最厲害的。不要總是把你的意圖擺在明顯的位置，那樣只能讓對手加強防範。不如採取以退為進的方式，來掩蓋自己的真實意圖，你會發現，這樣成功的過程就簡單得多了。

14．成功不是直行路

成功不是一條直行路，

有時雙眼緊盯著目標更容易走偏。

有句話叫做「事與願違」，不能成功並不一定就是因為我們不夠努力，更不是因為這件事是不可能完成的，而是因為我們常常找不到做這件事情合適的方法。成功不是一條直行路，有時雙眼緊盯著目標更容易走偏。

一個新來不久的幼稚園老師，一天走進教室的時候，發現紙簍倒在地上，紙屑漫天飛舞。可是，孩子們卻無動於衷，依舊在嬉鬧著。她覺得孩子們的這種做法很不好，應該教育一下，告訴他們這樣是不對的。

於是她把在一邊玩耍的孩子們都叫了過來，開始施展老師的威風，嚴厲地教育了這些小孩子。聽了她的一頓教訓之後，孩子們仍然無動於衷，在老師的監督下，小朋友們才把紙簍扶了起來，把垃圾收拾掉了。老師心滿意足地走了，以為孩子們會知道以後該怎麼樣做了。

但是又過了兩天，這個老師走進教室的時候，發現紙簍又倒在了地上，紙屑依舊漫天飛舞，孩子們還是在一旁做著遊戲。看到這個場面老師覺得很失望，她不明白為什麼教育過這些孩子，他們還不知道自己的行為是錯誤的，甚至開始懷疑自己的工作是不是有意義。

於是，她找到一個在這個幼稚園工作了很久的老師聊天，向她講述了這件事情和自己心中的苦惱。那個老師微笑著說：「我去看看那些調皮的小東西。」然後她們兩個一起來到了教室。上課了，師生問好後，老師轉身在黑板上寫下「紙簍哭了」四個大字，孩子們一臉茫然地望著她。老師心平氣和地對孩子們說：「當你們興致勃勃地玩耍時，有誰關心過角落裡的紙簍？」話音未落，教室裡所有的目光都齊刷刷地投向了教室門口的那個角落。

「一個調皮的男孩子把紙簍踢倒後，頭也不回地離開教室時，假如你就是那受傷的紙簍，會想些什麼，說些什麼呢？你們看，紙簍無聲地跌倒在地面上，正在傷心地哭泣著。」老師接著講道。

孩子們天真的臉上露出了淡淡的傷感，老師不再多言，而是請他們自己說一說。討論聲此起彼伏。「要是我是紙簍，該多傷心啊，我一天到晚都陪伴著小朋友，是大家形影不離的好夥伴，可是，我漸漸地成了大家的廢物收購站，每天，衣服上都沾滿了灰塵，有誰來幫我清潔過？」

說著說著，一個孩子突然跑了出來，默默地把紙簍慢慢地扶了起來。這個孩子沒有直接回座位，而是一臉嚴肅地說：「紙簍是我們的好朋友，我們要好好地保護它！」頓時，短暫的沉默之後，教室裡爆發出熱烈的掌聲。

這時，站在外面觀望的那個老師，會意地微微一笑，她終於明白，不是這些孩子們不懂道理，而是自己講道理的方式錯了。對幼兒的教育要基於兒童的特點，不能強硬地給他們講道理。做事情的時候，並不是就一定能達到你想要的結果的，直奔目標不一定就能到達。

智慧品人生

當我們不得不面對「事與願違」的無奈，不要急於抱怨或者灰心喪氣，想想自己的方法是否得當。你會發現有可能不是因為你不夠努力，而是你太努力了。

15・智慧藏在腦袋裡就好

做人一定不可太過狂傲，
應該明事理，知進退。

有人評價韓信的一生是「成也蕭何，敗也蕭何」，無論是成功還是失敗，韓信一生的傳奇是自己走出來的。而在韓信的一生中，兩次不同的抉擇，對他的人生產生了重大的影響。

第一次是他受胯下之辱。《漢書・韓信傳》中記載這樣一個故事：在韓信尚未顯示出自己的戰略才能，放浪形骸於市井之時，淮陰有個年輕的屠夫想侮辱韓信，對他說：「你雖然身材高大，平時喜歡帶著刀劍四處亂逛，但是其實你是個懦夫。」並且當眾羞辱他說：「如果你敢殺我，就用你的劍刺我；如果不敢，你就從我的胯下鑽過去。」韓信注視著那個屠戶很久，慢慢地低下身來，從那個屠戶的胯襠之下鑽了過去。街上的人都恥笑韓信，認為他是一個怯懦之人。但是當時誰會知道韓信的深謀遠慮呢？其實在韓信的心底已經進行了冷靜的考慮。韓信日後對世人講明他受胯下之辱的原因：「當他侮辱我時，我難道不能殺了他嗎？但殺了他也不會揚名，而且還有可能因此而失去自己的性命，所以就忍了下來，這才有了今天的成就。」韓信並不是懦夫，只是他的志向不在於追求一時的個人榮譽，在他的心裡有更遠大的理想，所以能夠保持冷靜的思維，不意氣用事，可忍常人之不能忍。

韓信正因為有這樣的卓識遠見，才能在日後的楚漢之爭中，贏得一次次以少勝多的戰爭，留下明修棧道、暗度陳倉、背水一戰等佳話，為漢朝打下了三分之二的江山。

而他第二次的抉擇卻沒有第一次那麼明智。漢朝建立了穩定的政權之後，韓信仍舊面臨一個重要的抉擇，在劉氏的漢家江山中他該扮演一個什麼樣的角色。可惜的是他沒有意識到自己的功勞太大，擁兵過多，而天下已經平定，以劉邦的狡詐必定會擔心韓信對他剛剛坐穩的江山的威脅。而且早在楚漢之爭沒有結束的時候，劉邦就流露出了對韓信的不信任。漢三年六月，漢王出成皋向東渡過黃河，單獨與夏侯嬰跑到了修武的張耳軍中。張耳、韓信還沒起床，劉邦徑直進其臥室，奪取了他們的印信兵符，召集諸侯，調動了諸侯的位置。等張耳、韓信起床後才得知漢王來過，不禁大驚失色。漢王奪了兩人的軍隊，命令張耳備守趙地，任命韓信為趙相國。收集沒有調到滎陽的趙兵去攻打齊國，而與此同時，劉邦已經派人去遊說齊國投降了。

在劉邦以藉口把他由楚王降為淮陰侯的時候，韓信才開始意識到自己的處境。雖然他也採取了裝病不朝的手段想減少劉邦對他的戒備，但是他始終居功自傲，甚至以和樊噲等人同列為恥辱。到被劉邦軟禁起來，韓信開始急躁了，沒有再作退避，而是想起兵謀反。結果正中了劉邦和呂后的計謀，暴露了謀反的野心，結果落得個誅連三族的下場。

常言說得好：「良賈深藏若虛，君子盛德若愚」。也就是說，君子要聰明才華不露，才是明哲保身、消災遠禍的最好方法。功高蓋主歷來就是為官的大忌，任何君王都不想自己的身旁有人威脅到他的統治。做臣子一定要掌握好這個度，既要有一番作為，又不應該讓君主對自己的忠心產生懷疑。工作時也是一樣，雖不至於被誅連三族，也一樣有不在其位不謀其職的潛規矩。做人一定不可太過狂傲，應該明事理，知進退。

16．退一步看海闊天空

退一步眼前頓時開朗，海闊天空，
你會發現原來在不幸中還有萬幸。

蘇軾詩云：「橫看成嶺側成峰，遠近高低各不同」。對待生活中的各種問題，我們不妨也從側面的角度去分析，而不是直視。退一步眼前頓時開朗，海闊天空，你會發現原來在不幸中還有萬幸。

有三個朋友很多年沒見面了，便相約一起到法國南部山地的一個度假村去過一個快樂的週末，敘敘舊情。一路上他們談笑風生，好不熱鬧。行至一個只能左轉的彎路的時候，司機因為聊天而分心，沒有留意到迎面駛來的另外一家剛剛度假回來的汽車，兩輛車都及時向不同的方向打了轉向，只聽到「哐啷」、「哐啷」兩聲，兩輛車刮蹭過去了，險些沒有撞到一起。但是兩輛車都被刮花了，車身大面積漆被刮掉，並且需要馬上送到修理廠進行檢修。

兩輛車上的人都下來站在馬路邊上等待拖車的到來。開車去度假村的那三個朋友，一個個因為驚嚇過度而變得臉色慘白，他們在爭吵：

「剛才如果不抄捷徑而是走大路，就不會遇到這麼倒楣的事情了。」

「如果不來這裡，而是去別的地方度假，也就不會遇到這種事情了。」

「為什麼我們要來一起度假呢？誰提出的倒楣提議呢？我們現在還是回去吧！」

他們三個人爭論不休，甚至準備取消這次旅行。

而另外的一家人則在一旁，相互詢問有沒有什麼不舒服的地方，有沒有受傷。一家人誰也沒有受傷，他們開始感慨：

「今天真是好險呀，還好大家都沒受傷，真是太走運了。」

「對呀，一切都有驚無險，我們的旅行還有這種經歷，真是太刺激了。」

「這裡的環境真是太美了，一定會成為一次難忘的旅行的。」

這突如其來的事故，並沒有破壞掉這一家人度假的好心情，反而為他們增加了有驚無險的刺激，他們覺得自己很幸運，他們的旅行也成了一次開心之旅。而另外三個朋友呢？他們在抱怨與不滿中怒氣沖沖地回去了，不僅沒有欣賞到美麗的度假村風光，更不要說什麼愉快的心情和敘舊情了。

同樣遇到一場事故，同樣沒有人受傷，兩夥人的看法卻完全不同。只看到事故中的損失的人，只能沉浸在不愉快中，何不像那樂觀的一家人一樣，退一步看待這場事故，從不幸中看到萬幸。

如果在乘船的時候，不幸身上一半的錢財掉進了大海，別企圖跳入水中把它們全數尋回，這會丟掉你的性命。不妨數數您還剩下的另一半錢財，想想如何更好地保護它們，再深思如何運用這些已有的來做得更好。換種角度，換種思維和態度，事情反倒明朗很多。

智慧品人生

任何事情，發生以後，當事者如果一味愚昧地往牛角尖裡鑽，最後一定會活活地憋死在那個暗暗的、尖尖的、全無退路的牛角裡。然而，只要輕輕地轉個彎兒，燦爛陽光、康莊大道，都會在那兒等著你。

第五章　以退為進是一種圓滿人生的智慧

人生的路，充滿曲折，
就像下一盤跳棋一樣，
後退，是為了下一次的前進，
休息，是為了走更長遠的路，
放棄，是當你張開雙手時，
世界已在你手中。

1・放開了雙手才能擁抱世界

很多事情都由於人的欲望而停滯不前，
在適當的時候學會鬆手，放棄些什麼，才能收穫更多。

相傳，南宋時期有一個青年人去找一個高僧指點迷津。他對大師說：「大師，為什麼命運對我這麼不公平，我怎麼什麼也沒有呢？」
「你把手握起來，現在你手裡有什麼呢？」大師微笑著對那個青年人說。
青年人緊緊地握緊雙手，看了一下，然後對大師說：「我手裡什麼也沒有。」
「現在請你打開雙手，看看你手中有什麼？」大師說。
「還是什麼也沒有呀？」青年人疑惑地問道。
「你再看看，世界不是已經都在你的手中了嗎？」大師說道，「緊握雙手，什麼也抓不到，只有當你放開的時候，你才能真正地擁有，擁有整個世界。」
青年人終於明白大師的深意，會心地笑了。

對於自己喜歡的東西，人們總是表現得很吝嗇，總是有著強烈的占有欲，尤其是錢財。很多人終其一生孜孜不倦地為錢財奔命。回首其一生，只能是因為錢財失去了情感，失去了快樂。

「為富不仁」這個成語，大家都知道是貶義的，沒有人希望自己變成一個為富不仁的人。但是當人們真的處於一個很富有的位置，往往會陷入一種自我的境地，認為錢是自己辛苦所得，因此擁有絕對的所有權，從而忽略了自己對社會的責任感。

人們都知道石油大王洛克菲勒是個著名的慈善家，但很少有人知道洛克菲勒也曾被薄薄的一層銀子蒙住了雙眼。

洛克菲勒出身貧寒，創業初期勤勞肯幹，人們都誇他是個好青年。可當他富甲一方後，便變得貪婪冷酷。賓夕法尼亞州油田地帶的居民深受其害，對他恨之入骨。如有的居民做了他的木偶像，然後將那木偶像模擬處以絞刑，以解心頭之恨。無數充滿憎恨和詛咒的威脅信被送進他的辦公室，連他的兄弟也不齒他的行徑，而將兒子的墳墓從洛克菲勒家族的墓園中遷出，說：「在洛克菲勒支配的土地內，我的兒子無法安眠！」洛克菲勒的前半生就在眾叛親離中度過。洛克菲勒五十三歲時，疾病纏身，人瘦得像木乃伊。

醫生們向他宣告了一個殘酷的事實：他必須在金錢、煩惱、生命三者中選擇一個。這時他才開始領悟到，是貪婪的惡魔控制了他的身心。他聽從了醫生的勸告，退休回家，開始學打高爾夫球，去劇院看喜劇，還常常跟鄰居閒聊。

他開始過上一種與世無爭的平淡生活。後來，洛克菲勒開始考慮如何把巨額財產捐給別人。起初人們並不接受，說那是骯髒的金錢。可是通過他的努力，人們慢慢地相信了他的誠意。密歇根湖畔一家學校因資不抵債行將倒閉，他馬上捐出數百萬美元，從而促成了如今的芝加哥大學的誕生；北京著名的協和醫院也是洛克菲勒基金會贊助而建成的；一九三二年中國發生了霍亂，幸虧洛克菲勒基金會資助，才有足夠的疫苗預防而不致成災；此外，洛克菲勒還創辦了不少福利事業，幫助黑人。從這以後，人們開始用另一種眼光來看他。

放棄了部分的錢財，洛克菲不僅僅得到了世人的尊重，更讓自己獲得了快樂幸福的生活。其實不只是錢財，生活中還有很多東西引誘著我們的欲望，把所有的東西都抓得太緊，只能讓你失去的更多。因此，想要獲得快樂的生活，那就學會張開雙臂，擁抱世界吧！

智慧品人生

放開手之後，你會發現世界都在你的手中。死守著你得到的東西不放，只會讓你失去更多生命的美好。與世界比較，你手中那點兒東西又算得了什麼呢？

2．莫道緣分遠，且惜眼前人

世人總覺得最珍貴的是得不到的和已失去的，卻不喜歡關注正擁有的東西。

世人總覺得最珍貴的是「得不到」的和「已失去」的，卻不喜歡關注正擁有的東西，非要等到失去的時候才懂得珍惜。望洋興嘆的你，只能得到一聲嘆息和無盡的哀嘆。也許在你為得不到而傷心苦惱的時候，你已經忽視了已經擁有的幸福。

從前，有一座圓音寺，每天都有許多人上香拜佛，香火很旺。在圓音寺廟前的橫樑上有個蜘蛛結了張網，由於每天都受到香火和虔誠祭拜的薰陶，蛛蛛便有了佛性。經過了一千多年的修煉，蜘蛛佛性增加了不少。

忽然有一天，佛主光臨圓音寺，看見這裡香火甚旺，十分高興。離開寺廟的時候，不輕易間抬頭，看見了橫樑上的蜘蛛。佛主停下來，問這隻蜘蛛：「你我相見總算是有緣，我來問你個問題，看你修煉了這一千多年，有什麼真知灼見，怎麼樣？」

蜘蛛遇見佛主很是高興，連忙答應了。佛主問道：「世間什麼才是最珍貴的？」蜘蛛想了想，回答到：「世間最珍貴的是『得不到』和『已失去』。」佛主點了點頭，離開了。

就這樣又過了一千年的光景，蜘蛛依舊在圓音寺的橫樑上修煉，它的佛性大增。一日，佛主又來到寺前，對蜘蛛說道：「你可還好，一千年前的那個問題，你可有什麼更深的認識嗎？」蜘蛛說：「我覺得世間最珍貴的是『得不到』和『已失去』。」佛主說：「你再好好想想，我會再來找你的。」

又過了一千年。有一天，刮起了大風，風將一滴甘露吹到了蜘蛛網上。蜘蛛望著甘露，見它晶瑩透亮，很漂亮，頓生喜愛之意。蜘蛛每天看著甘露很開心，覺得這是三千年來最開心的時刻。突然，又刮起了一陣大風，將甘露吹走了。蜘蛛一下子覺得失去了什麼，感到很寂寞和難過。這時佛主又來了，問蜘蛛：「這一千年，你可好好想過這個問題：世間什麼才是最珍貴的？」蜘蛛想到了甘露，對佛主說：「世間最珍貴的是『得不到』和『已失去』。」佛主說：「好，既然你有這樣的認識，我讓你到人間走一遭吧。」

就這樣，蜘蛛投胎到了一個官宦家庭，成了一個富家小姐，父母為她取了個名字叫蛛兒。一晃，蛛兒到了十六歲，已經成了個婀娜多姿的少女，長得十分漂亮，楚楚動人。

這一日，皇帝決定在後花園為新科狀元郎甘鹿舉行慶功宴。慶功宴上來了許多妙齡少女，包括蛛兒，還有皇帝的小公主長風。狀元郎在席間表演詩詞歌賦，大獻才藝，在場的少女無一不被他傾倒。但蛛兒一點也不緊張和吃醋，因為她知道，這是佛主賜予她的姻緣。

過了些日子，說來很巧，蛛兒陪同母親上香拜佛的時候，正好甘鹿也陪同母親而來。上完香拜過佛，兩位長者在一邊說上了話。蛛兒和甘鹿便來到走廊上聊天，蛛兒很開心，終於可以和喜歡的人在一起了，但是甘鹿並沒有表現出對她的喜愛。蛛兒對甘鹿說：「你難道不曾記得十六年前，圓音寺內蜘蛛網上的事情了嗎？」甘鹿很詫異，說：「蛛兒姑娘，你漂亮，也很討人喜歡，但你想像力未免豐富了一點吧。」說罷，和母親離開了。

蛛兒回到家，心想，佛主既然安排了這場姻緣，為何不讓他記得那件事，甘鹿為何對我沒有一點的感覺？

幾天後，皇帝下詔，命新科狀元甘鹿和長風公主完婚；蛛兒和太子芝草完婚。這一消息對蛛兒如同晴空霹靂，她怎麼也想不通，佛主竟然這樣對她。幾日來，她不吃不喝，窮究急思，靈魂就將出殼，生命危在旦夕。太子芝草知道了，急忙趕來，撲倒在床邊，對奄奄一息的蛛兒說道：「那日，在後花園眾姑娘中，我對你一見鍾情，我苦求父皇，他才答應。如果你死了，那麼我也就不活了。」說著就拿起了寶劍準備自刎。

就在這時，佛主來了，他對快要出殼的蛛兒靈魂說：「蜘蛛，你可曾想過，甘露（甘鹿）是由誰帶到你這裡來的呢？是風（長風公主）帶來的，最後也是風將它帶走的。甘鹿是屬於長風公主的，他不過是你生命中的一段插曲。而太子芝草是當年圓音寺門前的一棵小草，他看了你三千年，愛慕了你三千年，但你卻從沒有低下頭看過它。蜘蛛，我再來問你，世間什麼才是最珍貴的？」蜘蛛知道了這些真相之後，好像一下子大徹大悟了，她對佛主說：「世間最珍貴的不是『得不到』和『已失去』，而是能把握現在的幸福。」剛說完，佛主就離開了，蛛兒的靈魂也回位了，睜開眼睛，看到正要自刎的太子芝草，她馬上打落寶劍，和太子深深地抱在一起……

世界上最珍貴的東西往往是我們已經擁有卻不懂得珍惜的東西。你還在望著那得不到的甘露，黯然神傷嗎？低頭看一下日夜守候你的靈芝草吧，因為它才是屬於你的，他才能日夜陪伴在你的身邊。

智慧品人生

蘇軾有詩云：「且夫天地之間，物各有主。苟非吾之所有，雖一毫而莫取。」不要強求那些原本不屬於自己的東西。人，應該學會放手。

3．當機立斷地選擇放棄

人生是一場大火，
我們每個人唯一能做的，
就是從這場大火中多搶救一點東西出來。

人的生命有限，因此當你為這短暫的生命歷程做好規劃時，就請全力以赴吧，千萬不要瞻前顧後分散自己的時間和精力。可以說，人的一生如果想取得成功，就要果斷地作出抉擇。很多時候，事情總不能兩全其美，制訂了目標之後，就應該捨棄與你事業無關緊要的事情，將精力全部放在目標既定的事情上。

比爾．蓋茲曾身為世界首富，擁有全世界最大的電腦操縱系統軟體公司。一生中做過無數次的抉擇，包括人生和公司的發展。

然而他作的最重要的抉擇莫過於退學。哈佛大學是很多人夢寐以求的著名的高等學府，而考上哈佛大學的比爾．蓋茲卻在大三時毅然決然地選擇了退學。這不是一般人能夠下的決心和勇氣，即便有這樣的決心和勇氣，沒有非凡的魄力，也很難面對日後生存發展中的挑戰。

早在二十世紀七〇年代初期，還在哈佛大學讀書的蓋茲與夥伴保羅・艾倫（Paul Allen）一起為 Altair8800 電腦設計 Altair Basic 解譯器。Altair 是第一台商業上獲得成功的個人電腦，而 Basic 語言是一種易用易學的電腦程式設計語言，蓋茲與艾倫所開發的 Basic 版本就是後來的 Microsoft Basic，也是 MS-DOS 作業系統的基礎，而後者就是微軟公司早期成功的關鍵。Microsoft Basic 後來成了 Microsoft Quick Basic，並逐漸演變成為今天依然流行的 Visual Basic。此時的蓋茲已經在電腦軟體發展領域初露端倪。

二十世紀七〇年代早期，蓋茲寫了一封著名的《致愛好者的公開信》，震驚了電腦界。蓋茲宣稱電腦軟體市場將會是一個巨大的商業市場，電腦愛好者們不應該在沒有獲得原作者同意的情況下隨意複製電腦程式。憑藉著對電腦軟體行業的信心，以及自己足夠的知識和創造能力，蓋茲毅然決定離開校園，一手創辦了世界上最成功的企業之一——微軟公司，並逐漸將軟體產品產業化。

比爾・蓋茲曾經說過這樣一句激動人心的話：「人生是一場大火，我們每個人唯一能做的，就是從這場大火中多搶救一點東西出來。」本著這種人生短暫如火花的信念，他及時地做出了選擇。比爾・蓋茲用他的成功告訴我們：做選擇，要當機立斷。

面對人生這場「突如其來的大火」，你想過要搶救什麼東西嗎？想好了就不要回頭。可能對自己未來有規劃的人很多，但是面對種種誘惑，誰能夠果斷地捨棄沒有用的東西，即使那看上去誘惑再大也無動於衷？

智慧品人生

生命有限，而我們需要選擇的東西太多，誘惑太大，要想有所作為就要先想清楚，什麼才是你的追求。集中全部力量做你最想做的事情，才能做到最好。傷其十指，不如斷其一指，集中力量，做好你自己的事業。

4．不安於室，勇敢選擇

敢於選擇，敢於放棄，才是成大事者應有的魄力。
因循守舊必然得不到發展。

在瞬息萬變的資訊經濟時代，每個人的腳步都是匆忙的。而能否找到正確的方向，走在潮流的最前端，已經成為一個最重要的成功因素。

現任A8音樂網首席執行官的劉曉松，就是一個始終能走在潮流最前端的人。如果追問他為什麼總能成為時代的領頭人的話，那麼不難發現，在他一路追求新的方向的同時，他也在一路放棄原來的利益。

一九九二年，劉曉松做了一個世人都覺得愚蠢至極的決定——放棄清華大學的博士學位，下海經商。正在清華大學機電系攻讀博士學位的劉曉松被當時正在快速崛起的深圳深深吸引，於是在還未完成博士論文的情況下毅然南下深圳，在一家當時頗具名氣的電腦公司打工。在當時，能讀上博士是件非常不容易的事情，因此他的家人和導師都對他的決定很不理解，甚至告誡他，不是所有輟學的人都能成為比爾·蓋茲的。但劉曉松認為，來自現實生活的鍛煉，更能使自己知道要為以後的事業做些什麼準備，做事情總是要付出代價的，他認為放棄清華的學位也是值得的。

兩年的打工生涯，使劉曉松無論在經驗上還是金錢上都有了一定的積累。一九九四年，劉曉松放棄了原來穩定的工作，成立了一家電子公司，開始了自己的創業生涯。當時，該企業主要是做系統和軟體的集成，後來在與一些客戶的合作中也開始為通信企業提供相關的解決方案。劉曉松的業務關注點也逐漸落在通信業上。

當時，騰訊剛剛成立，推出無線互聯網尋呼解決方案。當時，手機在國內才剛剛出現不久，但劉曉松敏銳地觀察到，手機最終將取代CALL機，在CALL機上傳輸文字的事情在手機上也能實現。於是劉曉松毅然決定賣出自己的公司，用其所得投資騰訊。隨後的幾年，騰訊市值暴漲，劉曉松的投資也有了不錯的回報。

在騰訊大賺一筆之後，劉曉松並沒有停下奔走的腳步。二〇〇〇年，劉曉松又選擇了退出騰訊的投資，成立一家電信增值業務服務公司。

當時美國有人發明了一項新技術，只要在海底鋪上幾條光纜，就能解決全世界的通話問題。技術的發展對話音業務產生極大影響，全球電信業投資也因話音業務收入的減少而有所下滑。後來，有業內人士分析認為，電信業未來的主要業務模式應該是「資料＋話音」。一份研究報告更預測，到二〇〇七年，全球電信資料業務與話音業務的比例將會是一比一。這個數字讓劉曉松非常震撼，他覺得電信增值業務的市場潛力非常巨大，於是他成立了公司，專門提供電信增值服務，做起了服務提供商。

但很快，短信增值業務的增長也開始放緩。此時劉曉松的眼睛已經開始搜尋新的財富增長點了。很快他發現音樂是一個新的不錯的增值點。於是他又放棄了短信增值業務上的利潤，做起了他的A8音樂網，專門做起了音樂增值服務。他提出了一個「電媒音樂」的概念，希望打造一個平台，通過有線和無線網路的方式，終結音樂盜版的時代，讓大眾只需通過低廉的價格，就可以享受到高品質的音樂。

許多人很不理解為什麼學電機出身對音樂一竅不通的劉曉松會選擇做音樂網站這條路。而劉曉松認為，音樂是增值業務中很重要的一塊，雖然中國目前的音樂行業本身發展得很艱難，但潛力依然是巨大的。他對自己的選擇有絕對的信心。

有人說新一代IT業中，所謂的「財富新貴」是不安分的一代人。但事實證明，不安分並不是一件壞事。敢於選擇，敢於放棄，才是成大事者應有的魄力。因循守舊必然得不到發展。

智慧品人生

如果說捨棄是人生態度上的一種退步，那麼為了新的選擇而放棄，就是一種以退為進的智慧。人生是豐富多彩的，如果你有信心，不妨試試不同的選擇。

5．觀念改變命運

與其坐等滅亡，不如挑戰未知世界，
挑戰的結果有一半可能性也是滅亡，
但另一半可能性則是希望。

有一部紀錄片，講述的是：在夏日乾旱的非洲大陸上，一群饑渴難耐的鱷魚身陷水源快要斷絕的水塘中，較強壯的鱷魚已經開始弱肉強食，攻擊同類了，眼看物競天擇、強者生存的理論正在上演。

這時，一隻瘦弱勇敢的小鱷魚卻起身離開了快要乾涸的水塘，邁向未知的大地。

乾旱持續著，水塘中的水愈來愈混濁、稀少，最強壯的鱷魚已經吃掉了不少同類，剩下的鱷魚看來是難逃被吞食的命運，卻不見有鱷魚離開。也許牠們認為棲身在混水中，等待遲早被吃掉的命運，似乎總比離開水塘，走向完全不知水源在何處的大地要安全得多。水塘終於完全乾涸了，唯一剩下的大鱷魚也耐不住饑渴而死去了，到死仍守著牠用殘暴征服的淺水窪。

可是，那隻勇敢離開的小鱷魚呢？經過多天的跋涉，幸運的牠竟然在乾旱的大地上找到了一處水草豐美的水塘。

原來物競天擇，未必強者生存。小鱷魚有運氣，但牠懂得選擇離開，證明了「改變觀念便能改變命運」的適者生存的哲學。

這部紀錄片，讓我想到多年前在外企工作的朋友的遭遇。她在公司裡屢受某位資深的同事排擠，使她很難有所表現，最後她毅然決定離開公司。從做自由策劃人到成立自己小小的公司，幾年下來的她如今已擁有一家頗具規模的公司，年收入是當初薪水的好幾十倍，而當初排擠她的人卻因公司經營倒閉而失業了。

朋友告訴我，她一直很感激當初大力壓制她的人，她說那個人給了她一個機會，能讓她到別處去尋找夢想。今天忽然覺得過去的種種競爭毫無意義，彼此都像井底之蛙，就算爭得魚死網破，一方把另一方置於死地，那意義又何在？意義僅僅在於，輸者或者死在井底的角落，而勝者則沾沾自喜地繼續做井底之蛙，自以為抬頭的一片天就是整個世界了。

人生就是這樣，勇於競爭做強者的人未必一定能贏得最後的比賽，反而是能夠自我調整、改變、開創新天地的人更能適應環境而生存下來。但重要的是要心存夢想，如果在某個地方實現不了自己的夢想，那麼就換個地方吧！總有一片土地適合你生長。

只要懂得到別處找夢想，你將擁有更海闊天空的生活。

智慧品人生

培養你的不是導師，而是你的對手。愛你的人不教你生存之道，恨你的人則讓你長了很多本事。看成敗人生豪邁，對人生中無謂的競爭，果斷地放棄吧，放棄後你會發現生命中的海闊天空。

6．放棄的別樣景致

有時放棄的確是明智的。放棄可以讓你看到另一片陽光，感受到另一份清涼，體味一份難以尋覓的淡泊寧靜。

一位登山愛好者在攀登雪峰的半途中，突然遇到了十級大風。頓時，白雪漫天飛舞，能見度僅一米左右。此時他不慎失去重心，摔落懸崖，幸好他頗冷靜且較有經驗，一把抓住了事先準備好的安全繩索，僅存一線生機的他死死抓住繩索，暗自哭喊著：「上帝，你救救我吧！」

「可以，不過你要相信我所說的一切。」上帝提出條件。

「好！好！你說吧，我相信你。」他驚喜萬分。

上帝說：「你放下繩索，就可得救。」他想，好不容易抓到這根救命繩索，哪能放下呢？他不相信上帝的話，更沒放棄手中的繩索。

第二天早晨，暴風雪停了。營救隊發現了離地面僅兩米的凍僵的屍體，依然吊在繩索上。

如果天空不懂得放棄烏雲，它就不會總是那麼蔚藍；如果大樹不懂得放棄枯葉，它就不會總是那麼青翠；如果蜜蜂不懂得放棄安逸，它就不釀出甘甜的蜂蜜……

放棄是一種快樂，一種源於靈魂深處的崇高的快樂。

放棄是一種智慧，一種歷盡鉛華後大徹大悟的智慧。

落葉未曾枯黃便選擇了放棄母親的支撐，悲壯地投入大地的懷抱，於是便有了落紅護春的美譽；曇花放棄了恆久的讚嘆，選擇了瞬間的驚豔，才給人留下了品位不盡的經典。松樹放棄了肥沃的土壤，選擇了與懸崖相守，最終才有了偉岸奇絕的千古佳話。

上下五千年，唐宋元明清，有多少放棄的智慧豐富了泱泱古國的文化，點染了古國一個又一個朝代的變遷。

「寧曳尾於途」的莊子，告訴我們放棄官場的羈絆，持竿不顧，還原人生的純真，也是一種智慧。

「登東皋以舒嘯，臨清流而賦詩」的陶淵明，「行到水窮處，坐看雲起時」的王維……他們在放棄的同時，都尋找到了生命的真諦。他們是成功的、幸福的，他們也必將被歷史所銘記。

那個權傾朝野、富可敵國的和珅，在一次次把手伸向金銀時，良心是否真正地安逸快樂過？不知放棄的他，在紙醉金迷、妻妾成群之時，難道真的可以比一個家無鬥糧卻辛勤勞作的小老百姓幸福快樂嗎？

在我看來，富有的和珅永遠也無法收穫李白的快樂。前者不知放棄，貪婪，一生擔驚受怕；後者放棄了世俗的諂媚、官場的黑暗，選擇與祖國的山山水水相伴，活得自在灑脫，從而鑄就了中華文化史的豐碑。

魯迅先生放棄了「從醫救人」的思想，選擇「我以我血薦軒轅」，喚醒了那個風雨飄搖的年代。在任何時候，我們都應牢記放棄的智慧，放棄安逸快樂，將自己的熱血奉獻給祖國，成就一個輝煌的民族、一個強盛的國家。

進退從容，積極樂觀，必然會迎來美好的未來。捨得放棄眼前的利益，將會有更大的收穫；勇敢放棄失敗，將會有更大的成功。暫時的放棄，會讓你享受另一種長遠的優美。

懂得放棄的人，是智慧的人，能夠做到放棄的人，是真正的勇士。別怕放棄，因為你將終會收穫更多。

智慧品人生

人總是無休止地追求，而不知道放棄，對完全沒有實現可能的目標仍然窮追不捨，結果不但會無端地浪費時間和精力，而且會因為達不到預想目標而煩惱不堪，痛苦不已。放棄就是面對生活的真實，敢於割捨，這是一種明智的選擇，更是一種生存的智慧。學會放棄，將有助於你在前行的路上成為更大的贏家。

7・別給自己太多選擇

將資源集中於適應市場的企業核心競爭力上，會讓它發揮最大的作用，從而產生更大的效益。

選擇空間越大越好，這幾乎成了人們生活中的共識。但是由美國哥倫比亞大學、斯坦福大學共同進行的研究表明：選項愈多，造成負面結果的幾率越大。科學家們曾經做了一系列實驗，其中一個實驗是：讓一組被測試者在六種巧克力中選擇自己想買的，另外一組讓被測試者在三十種巧克力中選擇。結果，後一組中有更多的人感到所選的巧克力不大好吃，對自己的選擇有點後悔。

另一個實驗是在加州斯坦福大學附近的一個以食品種類繁多而聞名的超市進行的。工作人員在超市裡設置了兩個試吃攤，一個有六種口味，另一個有二十四種口味。結果顯示有二十四種口味的攤位吸引的顧客較多：兩百四十二位經過的客人中，60％的人會停下試吃；而兩百六十個經過六種口味的攤位的客人中，停下試吃的只有40％。不過最終的結果卻出乎意料：在有六種口味的攤位前停下的顧客30％都至少買了一瓶果醬，而在有二十四種口味攤位前的試吃者中只有3％的人購買了東西。

太多的東西容易讓人猶豫不定，拿不準主意。同理，對於管理者，太多的意見也會混淆視聽。不要以為越多的人給出越多的意見就是好事，其實往往適得其反。由於每個人看問題的角度不同，給出意見的動機也不盡相同，所以太注重聽取別人的意見很容易讓自己難以下決定。在徵求意見之前，我們必須要有一個屬於自己的堅定的信念，要明確最終的目的是什麼，這樣才能在眾多的聲音中保持清醒的頭腦，找出最適合企業發展的金玉良言。

「傷人十指，不如斷人一指」，把資源集中於適應市場的企業的核心競爭力上，將會產生更大的效益。相反，盲目地平均使用資源，盲目地多樣化，反而會一無所得。

智慧品人生

與其在十個不同的地方打十口井，不如在可能有水的地方專心打一口井。誘惑太多了容易分散人的精力，目標實現的前提是放棄外在的誘惑。

8．大捨有大得

打開胸襟，擴寬智慧，

在適當的時候學會放棄，則是締造成功的開始。

一家公司在招聘新職員時，出了這樣的題目：

你開著一輛車，在一個暴風雨的晚上，經過一個車站。有三個人正在車站等公共汽車：一個是快要死的老人，很可憐；一個是醫生，他曾救過你的命，是大恩人，你做夢都想報答他；還有一個女人（男人），她（他）是那種你做夢都想娶（嫁）的人，也許錯過就沒有了。但你的車只能坐一個人，你會如何選擇？請解釋一下你的理由。

在你看下面的話之前先仔細考慮一下。

我不知道這是不是一道性格測試題，因為每一個選擇都有自己的原因。老人快要死了，你首先應該先救他。然而，每個老人最後都只能把死作為他們的終點站，你完全有理由先讓那個醫生上車，因為他救過你，你認為這是個報答他的好機會。同時有些人認為應先選擇那個夢寐以求的伴侶，因為你可以在將來某個時候去報答醫生，但是你一旦錯過了這個機會，你可能永遠不能遇到一個讓你如此心儀的人。

在兩百個應徵者中，只有一個人被雇用了，他並沒有解釋他的理由，只是寫了以下的話：「給醫生車鑰匙，讓他帶著老人去醫院，而我則留下來陪我的夢中情人一起等公共汽車！」

幾乎每個人都認為以上的回答是最好的，但沒有一個人，一開始就能想到。是否是因為我們從未想過要放棄我們手中已經擁有的優勢——車鑰匙？因為99％的人會把自己的車當成寶貝，當然不會捨棄。有時候，如果我們能放棄一些固執、狹隘優勢的話，我們可能會把事情做得更好。

智慧品人生

同樣的事情，不是我們不用心思考，而是一開始思考問題的切入點不對，我們通常習慣於從一個利己的角度去考慮問題，所以我們找不出解決問題的最好方案。

人其實是生活在一種關係裡的，有什麼樣的關係就會有什麼樣的人生。自己傳遞出去的熱情、愛心最終還是會以一種類似的方式傳遞回來的。所以，能為他人雪中送炭，放棄一點私利是值得的，記住生活是公平的。

9．好鋼只用在刀刃上

放棄是面對生活的真實，承認挫折，
明智地繞過暗礁，避凶趨吉，
讓自己理性地抵達陽光的彼岸。

冒險，甚至犧牲是生存中不可避免的代價。老鷹訓練小鷹的方法讓人震驚，雨燕學會飛翔的本事讓人嘆服。雨燕小時候在母燕的照顧下，生活安逸舒適。但是，母燕很清楚，不能讓小雨燕一直過這種沒有任何危機感的生活，如果不讓小雨燕飛出去，自己去覓食，是很難生存下去的。所以，到一定時候，母燕就會採取措施讓小雨燕放棄舒適安逸的生活，一方面控制它的飲食，另一方面把它趕出窩，加強鍛煉。漸漸地，雨燕們就擁有了展翅藍天的能力。雨燕的故事昭示了一個人生哲理：善於放棄、勇於放棄，才能翱翔藍天，獲得成功。

辛棄疾，投奔南宋王朝後，本可以和其他大臣一樣，明哲保身，擁有一個安逸舒適的生活。但是，他不忍心大好河山被踐踏，不忍心無辜百姓受蹂躪，立志收覆失地。於是，他不停地上書朝廷，不停地奔走呼喊。因此，中國歷史上，就多了一個真誠的愛國志士，中國的文學史上又多了一位耀眼的名人。

居里夫人，獲得諾貝爾獎之後，毫不猶豫地放棄了名譽地位以及由此帶來的優越安逸的生活，依然專心致志地從事科學研究。工作繁冗沉重，她樂此不疲；生活艱難困窘，她不以為然。就是憑著這份執著與癡迷，她又一次摘取了諾貝爾獎的桂冠。

鄧亞萍，乒壇的驍將，創造了乒乓球歷史上一個又一個奇蹟。憑著世界冠軍的名氣，憑著對國家體育事業的貢獻，她有足夠的理由安心享受生活。然而，鄧亞萍果斷告別昨日的榮譽，以驚人的毅力開始了她的求學生涯，並以優異的成績贏得了世人的稱讚，再一次書寫了人生的輝煌！

一個人的精力是有限的，而生活極其廣闊，知識浩如煙海，我們不可能什麼都懂，也不應該什麼都做。客觀地認識自己，評價自己，認清自己的長處和不足，明確自己的目標，善於並勇於放棄，這是走向成功的基礎，是讓自己更為理性地到達人生彼岸的有利條件。

智慧品人生

好鋼用在刀刃上，勇於放棄誘惑，在我們的興趣點上樹立自己的人生理想，然後執著地走下去，人生終將輝煌。

10．有一種智慧叫放棄

客觀地認識自己，評價自己，
明確自己的目標，善於並勇於放棄，
這是走向成功的基礎，也是成功人生的智慧所在。

在大多數人的心裡，堅強、執著、永不放棄，才是一個強者的真正標誌。殊不知人的時間和精力畢竟有限，不可能在所有方面都有潛力可挖。此時，需要的就是我們懂得放棄的智慧。

懂得放棄，不進行無益的競爭，能使我們避開鋒芒，避免無謂的損失和傷害，進而以退為進，贏得潛心發展的主動權；懂得放棄，不是想放就放，而是學會在適當時機有選擇性地放棄，更要明白，有時放棄並不不是一種懦弱的表現，而是具有高度的取捨智慧。

從某種角度講，放棄也可能成為走向成功的捷徑。「條條道路通羅馬」，此門不開開別門。懂得放棄的人，能夠尋找到對自己才能和前途更有利的新方向。就有可能創造出新的輝煌。而全新的方向，註定能夠締造出全新的輝煌。

法國少年皮爾從小就喜歡舞蹈，他的理想是當一名出色的舞蹈演員。可是，因為家境貧寒，父母根本拿不出多餘的錢來送皮爾上舞蹈學校。皮爾的父母只好將他送到一家縫紉店當學徒，希望他能學一門手藝日後幫助家裡減輕點經濟負擔。皮爾厭惡極了這份工作，工作繁重，且所得報酬還不夠他的生活費和學徒費；更致命的是，這份工作離他的理想十萬八千里，這讓他感到沒有一點兒希望，甚至絕望。

皮爾想，與其這樣痛苦地活著，還不如早早結束自己的生命。就在皮爾準備跳河自殺的當晚，他突然想起了從小就崇拜的有著「芭蕾音樂之父」美譽的布德里，皮爾覺得只有布德里才能明白他這種為藝術獻身的精神。他決定給布德里寫一封信，希望布德里能收下他這個學生。

很快，皮爾收到了布德里的回信。布德里並沒提及收他做學生的事，也沒有被他要為藝術獻身的精神所感動，而是講了他自己的人生經歷。布德里說他小時候很想當科學家，因為家境貧窮無法送他上學，他只得跟一個街頭藝人跑江湖賣藝……

最後，他說，人生在世，現實與理想總是有一定的距離。在理想與現實生活中，首先要選擇生存。只有好好地活下來，才能讓理想之星閃閃發光。一個連自己的生命都不珍惜的人，是不配談藝術的。

布德里的回信讓皮爾猛然醒悟。隨後，他努力學習縫紉技術。從二十三歲那年起，他在巴黎開始了自己的時裝事業。很快，他便建立了自己的公司和服裝品牌。他就是皮爾．卡登。

在一次接受記者採訪時，皮爾．卡登說，其實自己並不具備舞蹈演員的素質，當舞蹈演員只不過是少年輕狂的一個夢而已。

學會放棄，是嘗試擁有的第一步。

巴爾扎克曾經夢想著做一個經營有方的商人，開過印刷廠，做過小生意。儘管他頗有經營頭腦，但無奈時運不濟，屢屢受挫，只得放棄，於是撿起冷落已久的筆，重操舊業。巴爾扎克若不是及時從商海裡「回頭是岸」，恐怕就沒有那個寫出《人間喜劇》等名著而蜚聲世界的文學大師。莎士比亞原是個跑龍套的三流演員，後來他發覺自己在表演上確實沒有天賦，難成大器，也明智地選擇了放棄，改而從事戲劇創作，寫出了《羅密歐與茱麗葉》等不朽的劇作，成為一代戲劇大師！

毫無疑問，我們不應當輕言放棄，因為勝利常常孕育在再堅持一下的努力之中。但是，有些情況是你已經付出了最大的努力，卻未取得理想的結果。這就需要我們認真考慮一下：如果是自己選定的目標、方向同自己的才能不相匹配，就需要勇敢地選擇放棄，另闢蹊徑，尋找新的生命之光。

人生如果總是無休止地追求，而不知道放棄，對完全沒有實現可能的目標仍然窮追不捨，結果不僅是無端地浪費時間和精力，而且會因達不到預想目標而煩惱不堪，痛苦不已，更重要的是，浪費了生命本有的價值。

其實，放棄是面對生活的真實，承認挫折，明智地繞過暗礁，避凶趨吉，讓自己理性地抵達陽光的彼岸。

敢於放棄，是一種明智的選擇，是一種境界，是一種更實際、更科學、更合理、更智慧的追求。

11．丟了芝麻，撿到西瓜

捨得放棄，
才有爭取更多的機會。

一個父親跟孩子說，某一知名跨國公司正在招聘電腦網路員。因為這家公司很有發展潛力，近些年新推出的產品在市場上十分走俏。孩子當然是很想應聘，可在職校培訓馬上接近尾聲，如果這時真的被跨國公司聘用，則一年的職校培訓就必須中斷，連結業證書也拿不到了。孩子猶豫了，父親笑了，說要和孩子做個遊戲。他把剛買的兩個大西瓜一一放在孩子面前，讓他先抱起一個，然後，要他再抱起另一個。孩子瞪圓了眼，心想這太難了。抱一個已經夠沉的了，兩個是沒法抱住的。「那你怎麼把第二個抱住呢？」父親追問。孩子愣住了，還是想不出招來。父親嘆了口氣：「哎，你不能把手上的那個放下來嗎？」孩子似乎緩過神來，是呀，放下一個，不就能抱上另一個了嘛！孩子這麼做了。父親於是提醒：這兩個總得放棄一個，才能獲得另一個，就看你自己怎麼選擇了。孩子頓悟，最終選擇了應聘，放棄了培訓。後來，他如願以償地成了那家跨國公司的職員。

面對新的機遇，誰都會有試試看的欲望，為什麼有的人能成功，有的人卻一直守著自己的營生庸庸碌碌一輩子呢？關鍵在於，有人有捨棄擁，放手一搏的勇氣，而有些人則不具備。

現在下海經商的人愈來愈多。有一位同學在某事業單位任職，自己也想下海，這樣可以多點機會賺錢，可又捨不得離開事業單位，畢竟工作較為穩當。他的一位同事倒是辭職下海了，還如魚得水，做得不錯，讓人羨慕。那同事對他說：「你不願放棄，卻又想再獲得，未免太天真了吧。」他覺得同事說得有理，可仍舉棋不定。

大學班上有一個女同學，她本來是班上最漂亮、最有氣質的女孩，但至今仍單身。認識她的人說，她追求者眾多，令她眼花繚亂。今天見這個好，明天見那個也不錯，總想選一個各方面都稱心如意的。這想法並不壞，可男人也是人呀，總會有缺點，最終，愛情在她身邊飄然而逝。其實，她曾碰過一個真正愛她、呵護她，甚至寧願為她作出犧牲的男孩。這男孩在時下也不多見了，比較傳統，心眼實在，挺有男子漢味道。女孩當時視他為第一候選人，相處了一段長時間了。可同時，女孩還在約會其他男孩，想好好選擇一番。男孩再愛她，最後也是難以忍受這般折磨。等到女孩有所醒悟時，男孩已出國並且成了家，女孩很後悔。也許上天給予她太多，反而讓她失去了最寶貴的東西。

所以，當你想要得到些什麼的時候，必須學著騰出一隻手來，這樣才會接納新的東西。正所謂，捨得，捨得，有捨才有得。

智慧品人生

「取」是一種本事，「捨」是一門哲學。沒有能力的人「取不足」，沒有徹悟的人「捨不得」。人生就是一個捨與得的辯證過程，捨得捨得，有捨才有得，捨不得，不捨不得。

12．工作不是生活的全部

工作是生活的必須，但不是生活的全部。保持好的心情和放鬆的心境，反而能夠促進工作更好地開展，也是工作效率提升的制勝法寶。

現代社會，工作壓力大，生活艱辛是很多人的感受和心聲。各種壓力和競爭充斥的生活中，導致很多白領身體長期處於亞健康狀態，很多家庭面臨各種危機。在重大的生活壓力面前，人們幾乎不計代價地所有的精力都投入到工作中去。漸漸地，他們忘記了去享受家庭的歡樂，忘記了愛護自己的身體，甚至忘記了如何享受生活，只是一直在機械工作，疲於奔命。可結果就一定讓人滿意嗎？

在一個情感類節目中曾經報導過這樣一個真實的故事：于女士，曾是某單位的科員，年輕時是一個極有上進心的女子。在公司，無論做什麼事情，她都會竭盡全力做到第一，上級對她的表現非常滿意，經常在開會時表揚她，並給她比別人更多的獎金。同事們也都羨慕她，說她是一個女強人。

但是她的家庭生活卻不像工作那麼順利。她的丈夫背叛了她，竟和她家的保姆上了床。一氣之下，她與丈夫離了婚。她的親身經歷告訴我們，如果婚姻不美滿的話，對事業也將是一大衝擊。于女士由於太在意事業，而忽略了與丈夫的感情，所以她是感情上的一個失敗者。從此後，她在單位不再是積極分子，因為她覺得再認真再努力地工作，也已經失去了意義。

醒悟之後，她滿臉淚水地訴說著自己的悔意，她說：「直到今天我才明白，不管你工作如何出色，也不能忽略感情和婚姻的地位。它將會直接影響著你的工作，更重要的是，一個女人如果失去了美滿的婚姻，工作再出色又能如何？我現在一點也不怨恨自己丈夫的背叛，只是一直不能原諒自己當初對家庭的忽視。失去了家人的支援與分享，我再也不能安心地投入到工作中，再也找不到生活的意義……」

很多工作努力的人，往往結果達不到他們預期的目標。而一些看似很悠閒的人卻能在工作中表現出色。其實，一個好心情，一個良好、愉悅的生活環境，都可以促進工作效率的提高。如果你想成為最佳工作者，試著放下工作，經營一下你的愛情、婚姻、家庭，關心一下你的家人、朋友，這些能給你的工作帶來不一樣的精神動力，是你工作成績優異的內在推動力。不能太激進地工作，顧此失彼，一定要讓自己生活得幸福，這樣才能有好心情投入到工作中。保持一定的休閒生活，不僅能夠增加你精神上的財富，使生活充實起來，而且由於身心健康，充滿熱情，工作效率自然會提高，經濟收入也會增加。不要忘了工作並不是你生活的全部，放開心胸，放開手腳，給自己一個廣闊的空間，去享受你的生活，生活和工作並重，你會收穫到意想不到的幸福。

智慧品人生

生活其實並不像我們認為的那樣枯燥，只是人們總喜歡把自己關在籠子裡。打開牢籠，你看到的是一個廣闊的生活天空，不僅有工作的繁忙，更有生活的溫馨。給自己一個好的狀態，一切都會變得美好。

13．學會放棄，收穫成功

懂得適時放棄的人，可以避免許多無謂的犧牲，
懂得適時放棄的人，可以為再次努力贏得力量，
懂得適時放棄的人，是真正善於為成功鋪平道路的智者。

西方軍隊裡有一條不成文的「規定」：在戰爭中，如果本方傷亡人數超過總兵力的三分之一，指揮官就可以命令士兵們放棄抵抗，撤出戰場，甚至可以向敵人投降。

這與中國的戰爭觀完全不同。在我們看來，這條規定似乎就是貪生怕死的同義詞。按照我們傳統的觀點，真正勇敢的軍隊，寡不敵眾時，也仍然會戰鬥到最後，即使全軍覆沒，也會得到捨生取義的美名。但是，西方軍事家認為，當兵力損失超過總兵力的三分之一時，取勝的希望已經微乎其微。在這種情況下，與其繼續做無謂的犧牲，不如主動放棄抵抗以保存力量，為爭取將來的勝利創造條件。今天的放棄是為了明天能更好地取得勝利。

第二次世界大戰初期，英法聯軍在歐洲大陸節節敗退，被德軍逼到了敦克爾克，戰爭形勢危如累卵。在這緊要關頭，英國首相果斷下達了「放棄抵抗，撤回本土」的命令。數十萬將士丟棄武器、輜重，漂洋過海回到本國，迎接他們的不是譏笑和諷刺，而是歡呼和擁抱。一家報紙評論道：「雖然我們失去了坦克和土地，但是我們卻保住了希望的種子。」幾年以後，這支隊伍又打回了歐洲大陸，不但奪回了失地，而且攻進了德國法西斯的腹地。由此可見當年撤退令的明智。正由於英國領導人敢於放棄，他們才取得了長遠的勝利。

面對困難時，我們固然需要勇往直前的魄力，但是，當突破困難的條件不具備時，一味向前就等同於不顧後果的蠻幹，其結果很可能是得不償失。西元二千年五月，閻庚華單人攀登珠峰，在他攻頂之前，所有人都認為他的做法違背了自然規律，是在拿生命冒險，因為天氣實在太糟了。他卻說：「二十一日，一定要登頂。登不上去，讓攝影機變成槍把我打下來！」結果，嚴寒和風暴吞噬了他年輕的生命，曾經說過的豪言壯語也成了山谷中孤獨的迴響。

因此，當我們受到諸多條件的限制，面對不可逾越的障礙時，暫時的放棄，往往是最好的選擇。暫時的放棄，不等於逃避。待到時機成熟，就可以東山再起，再造輝煌。日本鐘錶企業「精工舍」的成功就是一個典型的例子。

「二次大戰」剛剛結束，有「鐘錶王國」之稱的瑞士，由於沒有受到「二次大戰」的破壞影響，其手錶一下子占據了世界鐘錶行業的主要市場。日本「精工舍」用了十年時間奮起直追，雖然它在產品品質上取得了長足的進步，但仍然無法與瑞士錶分庭抗禮。是繼續追趕，還是另起爐灶？「精工舍」的管理層經過一番深思熟慮，決定放棄與瑞士錶在機械錶製造上的競爭，轉而在新產品的開發上做文章。經過幾年的努力，服部正次帶領他的科研人員成功地研製出了一種比機械錶走時更加準確的新產品——石英電子錶。一九七〇年，石英電子錶開始投放市場，立即引起了鐘錶界乃至整個世界的轟動。到二十世紀七〇年代後期，「精工舍」的手錶銷售量就躍居到了世界首位。一九八〇年，「精工舍」收購了瑞士以製作高級鐘錶著稱的珍妮．拉薩爾公司，轉而向機械錶王國發起了進攻。不久，以鑽石、黃金為主要材料的高級「精工．拉薩爾」錶開始投放市場，馬上得到了消費者的認可，成為人們心目中高品質的象徵。

在風雲變幻的商戰中，「精工舍」通過放棄戰略，取得了最後的成功，是一種多麼睿智聰慧的選擇和做法！

智慧品人生

在人生的道路上，我們常常面臨著取和捨、留與棄的抉擇。一個人不可能擁有全部，有所得就會有所失，這是生活的辯證法。只有學會放棄，懂得放棄，才會走得更遠，攀得更高。

有一種智慧叫以退為進 貳

作　　者	李家曄、袁雪潔
發 行 人	林敬彬
主　　編	楊安瑜
編　　輯	陳佩君
內頁編排	于長煦
封面設計	劉秋筑
出　　版	大都會文化事業有限公司　行政院新聞局北市業字第89號
發　　行	大都會文化事業有限公司 11051台北市信義區基隆路一段432號4樓之9 讀者服務專線：(02)27235216 讀者服務傳真：(02)27235220 電子郵件信箱：metro@ms21.hinet.net 網　　址：www.metrobook.com.tw
郵政劃撥	14050529 大都會文化事業有限公司
出版日期	2011年9月初版一刷　　2014年4月初版五刷
定　　價	220元
ISBN	978-986-6152-23-8
書　　號	Growth-043

4F-9, Double Hero Bldg., 432, Keelung Rd., Sec. 1,
Taipei 11051, Taiwan
Tel:+886-2-2723-5216　Fax:+886-2-2723-5220
Web-site:www.metrobook.com.tw
E-mail:metro@ms21.hinet.net

國家圖書館出版品預行編目資料

有一種智慧叫以退為進. 貳／李家曄, 袁雪潔著. -- 初版. -- 臺北市：大都會文化, 2011. 09
　面；　公分. -- (Growth；43)

ISBN 978-986-6152-23-8（平裝）

1.人生哲學　2.修身

191.9　　　　100016102

大都會文化 讀者服務卡

書名：**有一種智慧叫以退為進 貳**

謝謝您選擇了這本書！期待您的支持與建議，讓我們能有更多聯繫與互動的機會。

A. 您在何時購得本書：______年______月______日

B. 您在何處購得本書：____________書店，位於____________(市、縣)

C. 您從哪裡得知本書的消息：

1.□書店 2.□報章雜誌 3.□電台活動 4.□網路資訊

5.□書籤宣傳品等 6.□親友介紹 7.□書評 8.□其他

D. 您購買本書的動機：（可複選）

1.□對主題或內容感興趣 2.□工作需要 3.□生活需要

4.□自我進修 5.□內容為流行熱門話題 6.□其他

E. 您最喜歡本書的：（可複選）

1.□內容題材 2.□字體大小 3.□翻譯文筆 4.□封面 5.□編排方式 6.□其他

F. 您認為本書的封面：1.□非常出色 2.□普通 3.□毫不起眼 4.□其他

G. 您認為本書的編排：1.□非常出色 2.□普通 3.□毫不起眼 4.□其他

H. 您通常以哪些方式購書：(可複選)

1.□逛書店 2.□書展 3.□劃撥郵購 4.□團體訂購 5.□網路購書 6.□其他

I. 您希望我們出版哪類書籍：（可複選）

1.□旅遊 2.□流行文化 3.□生活休閒 4.□美容保養 5.□散文小品

6.□科學新知 7.□藝術音樂 8.□致富理財 9.□工商企管 10.□科幻推理

11.□史哲類 12.□勵志傳記 13.□電影小說 14.□語言學習（_____語）

15.□幽默諧趣 16.□其他

J. 您對本書(系)的建議：

____

K. 您對本出版社的建議：

____

讀者小檔案

姓名：______________ 性別：□男 □女 生日：____年____月____日

年齡：□20歲以下 □21～30歲 □31～40歲 □41～50歲 □51歲以上

職業：1.□學生 2.□軍公教 3.□大眾傳播 4.□服務業 5.□金融業 6.□製造業

7.□資訊業 8.□自由業 9.□家管 10.□退休 11.□其他

學歷：□國小或以下 □國中 □高中／高職 □大學／大專 □研究所以上

通訊地址：______________________________

電話：（H）______________（O）______________ 傳真：______________

行動電話：______________ E-Mail：______________

◎謝謝您購買本書，也歡迎您加入我們的會員，請上大都會文化網站 www.metrobook.com.tw 登錄您的資料。您將不定期收到最新圖書優惠資訊和電子報。

有一種智慧叫以退為進 貳

北區郵政管理局
登記證北台字第9125號
免 貼 郵 票

大都會文化事業有限公司
讀 者 服 務 部 收

11051台北市基隆路一段432號4樓之9

寄回這張服務卡〔免貼郵票〕
您可以：
◎不定期收到最新出版訊息
◎參加各項回饋優惠活動

大都會文化
METROPOLITAN CULTURE